イギリス式 お金をかけず 楽しく生きる！

井形慶子
Igata Keiko

講談社

プロローグ――バブル景気に踊った果てに

人生を豊かに生きるのにお金はいらない――をキャッチフレーズに書いた著作『お金とモノから解放されるイギリスの知恵』（大和書房刊）が思いのほか多くの方に読まれたことは驚きだった。それまでも「節約もの」のジャンルは売れてはいたものの、日本では圧倒的に「成功する」「金持ちになる」本がベストセラーになっていたからだ。

経済大国の日本では、子供から大人まで多くの人達が上を上をめざして、今よりもっと、ステイタスのあるリッチで豊かな人生を望んでいた。今の収入でも何とか人並みの人生は送れるけれど、それだけでは飽《あ》き足りないと、誰もが宝クジに当たったような刺激的な人生を渇望《かつぼう》しているように思えた。

一億円の宝クジに当たった感覚――かつて多くの人たちはバブル景気によって信じ

がたい体験をしたはずだ。何の変哲《へんてつ》もない普通の中古マンションや一軒家が、ある日突然金鉱を掘り当てたかのようにケタ違いの資産になっていく。

私の友人は世田谷にある築二〇年の一軒家に家族で暮らしていたが、四〇坪の敷地に建つその家は、五〇〇〇万円から一億円となり、ピーク時には一挙に三億円という値がついた。まるでロケット花火のように上昇するわが家の価格に、友人らは右往左往した。連日業者からかかってくる販売交渉の電話に、彼らは二億五〇〇〇万円でわが家を売り渡し、郊外に建つ一軒家を居住用と投資用に分けて二戸買った。さらに残った資金で一家は伊豆に豪華な別荘も買った。とりたてて別荘を探していたわけでもなかったが、「プールつき豪華別荘」というキャッチフレーズに惹《ひ》かれたと言った。

ところがその後、三つの家の価格は下降線をたどった。友人は今ではその別荘の管理費を支払う負担から一刻も早く逃れたい思いがつのっているという。

郊外に買った二〇坪弱の一軒家は一家が住むには狭すぎ、賃貸用に買ったもう一軒の家は、都心でマンション建設が相次ぐ中、家賃を下げても借り手がつかないという。ある日、彼は肩を落としてこうつぶやいた。

「二軒の家と伊豆の別荘、今じゃ三つ合わせても一億円の値はつかない。よくよく考えてみると、長年暮らしていた世田谷の家がありさえすれば、僕らは満足だったんだ。今じゃ不景気だからボーナスも減らされて、伊豆に遊びに行く交通費も出ない」

大手自動車メーカーに勤めるこの四〇代の友人は、最近、昔暮らしていた世田谷の家を一人でこっそり見に行くのだと教えてくれた。

何の変哲もない古い木造住宅だが、庭には夏みかんの木がたわわに実を実らせ、夏は木陰ができて子供達の格好の遊び場になっていたものだ。何よりこの家は彼の職場までドアツードアで三〇分の近さだった。今では超満員の通勤電車に一時間詰め込まれ、会社に着く頃にはボロ雑巾《ぞうきん》のように心身ともに疲れ果てている。

バブル景気は、億という途方もない単位の金を庶民にグッと近づけた。宝クジに当たらなくても、不動産を持ってさえいれば日本人はにわか億万長者となり、銀行や不動産業者にかしずかれた。

そんな奇跡は、私の一生の中ではもう二度と起きないだろう。

あの頃、わが家の二DK中古マンションにも多くのチラシが投げ込まれ、業者からは「査定させてください」攻撃の電話がひっきりなしにかかってきた。好奇心から業者を招いたところ、取り壊し寸前の公団住宅のような中古マンションが新宿のそばというだけで五〇〇〇万円だと告げられた。

「新宿副都心はオフィスビルが不足してますから、環七の内側であればオフィス需要は高いんです！」

閑静な住宅地の中古マンション。そのほとんどが本当に事務所になっていくのだろうか。いくらバブル景気とはいえ、東京ではそんなに会社が続々と生まれているのだろうか。にわかに信じがたい思いだった。

その若い業者は私に向かって、「チャンスです！　ご売却しましょう！」と声を張り上げ電卓をたたく。彼の目は血走っていた。この契約をとれば、この物件を転がせば、さらに値は上がる。このあばら屋にブルドーザーを突っ込んで、そこにさらに大きなビルを建てれば、さらに金がザクザク入ってくる。金持ちになるのに苦労も根性もいらない。タイミングさえ合えば誰もが〝金持ち父さん〟になれる日本。

その頃すでに今の出版社を切り盛りしていた私は、たくさんの広告主が、「税金対策だよ」と企画内容の検討もそこそこに広告出稿契約書にポンポンと印鑑を押してくださるのを、あたかも天から降ってくる金貨を両手で受ける少女のように驚きと感嘆の思いで見ていた。

それは興《おこ》したばかりの出版社の代表としてはありがたいことであった。その頃、お世話になった方々のことは生涯忘れまいと思っている。けれど、そんな世の中の繁栄ぶりは私個人の感覚からすると「落とし穴つき」に思えて仕方なかった。

こんなことがあった。ある日、住んでいたマンション周辺の古い木造家屋が一気に取り壊されていた。その時、飛び散ったベニヤや材木の瓦礫《がれき》の中にキラリと光るものが見えた。何だろうとかがんで見て驚いた。それは割れた貯金箱から飛び散った無数の五円玉や一円玉だった。あたりの地面を埋めつくすほどの小銭が、鍋のふたや緒《お》のとれたつっかけと一緒に捨てられていた。

その光景は正常な生活感覚を失った人間の一面を如実に表していた。金を平然と捨てる心、この異常事態に馴染《なじ》んだらもうもとにもどれないという怖さがあった。成人してから継続的にイギリスを訪れていた私は、感覚的に、社会の本質とはそれほど簡単には変わらないのではないかという見方をしていたからだ。

大半の国民が築一〇〇年以上も経過した古い家に暮らし、週払いの安い賃金をもとに質素な暮らしを続けるイギリスを訪れるたび、日本のはしゃぎぶりが期間限定の特売セール会場のように思えてならなかった。

この頃、ロンドンの街中を歩くと必ず見ず知らずのイギリス人に声をかけられた。

「日本人かい？　東京に住んでいるのか？　あんな尋常《じんじょう》じゃない物価の高い街でどうやって生活してるんだね」

バブルの頃、イギリスではテレビでこぞってバブル景気に沸き返る日本の特別番組を放送していたようだった。

彼らが連発する「rich people」「rich country」とは裏腹に、自分の東京での生活は何も変わらず何も発展せず流れている。そんな矛盾《むじゅん》のつじつまは、いつどんなふうにして折り合うのだろうと思った。

二〇〇二年　夏
井形慶子《いがたけいこ》

目次

第2章　増え続けるモノとのつきあい方

第3章　心を開放した人づきあいの極意

第5章　家事を趣味にするイギリス式満足生活

第6章 学ぶ、つくるは永遠のエンターテイメント

イギリス式お金をかけず楽しく生きる！

第1章

いつでも、どんな時でも理想の家に住もう！

金を稼いでも虚《むな》しい心理の背景

親に守られる日本の三〇代

三〇代の男性社員を多く抱える旅行会社の社長とお会いした時のことだ。普段は六〇代と思えないほど明るく気さくな氏が、見るからに複雑な表情をしている。

その理由を尋ねてみたところ、氏が目をかけていた社員の一人がこの頃仕事が振るわないので、一席設けて話をしたという。ちなみにこの男性社員はその業績が社内でも認められ、会社の規定で社長賞として一〇〇万円を受け取ったばかりだった。何か悩みでもあるのかと聞いたところ、その男性社員はしぼり出すような声で、「この頃、いくらお金をいただいても虚しいんです」と訴えてきたという。

ただしこの社員は、社長賞を受けたこと自体はとても光栄で、会社を辞めたいわけではないとつけ加えた。

「彼の努力に対する見返りとして一〇〇万円を手渡したのに、その直後に虚しいと肩を落とされた。虚しいのはこちらのほうだ」

これを今時の若者の反応と切り捨てることもできず、不可解なリアクションだと言って、氏は頭を抱えていた。

これと似たような出来事は私の周辺でも起きている。手がけた本が予想以上に売れたので特別ボーナスを支給したら、若手編集者がいきなり元気をなくしたのだ。彼は本来とても明るい性格だったため、平常の時と落ち込んだ時のギャップはすさまじく、ノイローゼにでもなったのかと心配した。ところが話をしてみると、通帳の預金残高を見て「買いたいものがない。行きたい所もない。お金が貯まっても自分はこの先何をすればいいんだろう」と思ってがく然としたのだそうだ。

この二人は三〇代であっても両親と同居していた。子供の頃から住み続けてきた実家には、狭いながらも自分の部屋があり、週末、恋人と会う時だけ外泊をする。つまりこの二人に共通していることは、住まいから精神面まで人生そのものを、依然親に守られているという点だった。

自立のかたち

イギリス人の多くは、一八歳で家を出る。社会に出て働き、収入を得るということは自由への第一歩なのだ。総じて質素でお金のないイギリスの若者と接するたび、自立への道のりは同世代の日本の若者よりはるかに明確だと感じることが多い。イギリスのみならず、ヨーロッパでは社会に出たとたん狭いフラットから人生のステップアップをめざす。

「僕らのイメージする自立は理屈じゃない。自分の部屋を借りて、光熱費や食費を支払う。自分の生活費をサイフの中に入れるために働き、金が入ると深く安堵《あんど》する。欧米人にとって自立するというのは、一人で住んで食べていくこと。立派な企業に入社したり、世間に羨《うらや》ましがられる結婚をすることではない」

私の知る多くのイギリス人は皆、一様にこう語る。

イギリスでは成人してからも親と同居するケースは極めてまれで、まして同居のうえ、生活費を一ペニーも負担しないとなれば、その子はどこかおかしいのではないかと疑われる。その結果、いくら親であっても理由なき保護を子にあてがうのは理不尽だと反発する。

「You pay for everything for your life.」――一八歳を過ぎれば自分の生活は自分で支えていく、これが社会の原則なのだ。

そんな彼らは、まとまった金を手にしていきなりふさぎ込んでしまう日本の青年たちを「暮らしの構造にもたれ合う甘さがはびこっているせい」と分析する。

イギリスの若者達の狭いアパートから始まる自立生活は、人生のパートナーが見つかり結婚を考える時期になると、さらに次のステップへ進む。

すなわち、「家を買う」という、イギリス人にとっては夢に溢《あふ》れた一大事業にとりかかるのだ。

イギリス住宅事情

今でこそロンドン全域の地価は高騰《こうとう》して、郊外の物件ですら一般市民には手が届かない状況となってしまった。だが、依然として六割以上のイギリス人が、若いうちから自分の家を購入するスタイルは変わっていない。サッチャー元首相が推進した持ち家制度である「ホームオーナーズアイデア」は、イギリスでは当然のこととして定着している。

ロンドンなど不動産価格の高価な都市部に暮らす若いカップルは、家を購入する第一段階として、ステュディオタイプと呼ばれるワンルームを購入する。日本のようなマンションの建設ラッシュは建築規制の厳しいイギリスでは起こりえないため、ほとんどの人々は築一〇〇年以上経過した、いわゆる中古物件を購入し、手をかけて古い室内を自分の好みに改装し満足できる住まいをつくるのだ。

一九八〇年代、イギリス病を根こそぎ改革したサッチャー政権は、維持費、補修費が莫大にかかる公営住宅を、市価の四割引きの価格でそこに暮らす労働階級《ワーキングクラス》の人々に売却していった。

それまで社会の底辺で人生に何の希望も持てなかった人々は、マイホームを取得することで、人生設計を新たに組み直す思いもよらぬチャンスをつかんでいった。けれど、英国民がそんな制度をラッキーだと思えたのは、いくら働けども暮らし向きが改善されない、長い苦難のプロセスがあったからだ。

裏を返せば、大学生になっても社会人になっても、「ゆりかごから墓場まで」親が子の人生を保証している日本では、仮に同じ政策が国によって施行されたところで、多くの若者は、なぜわざわざ面倒なローンの手続きをしてまで、住まいを確保する必要があるんだと足蹴《あしげ》にするのではないか。

少子化が進む日本では、親が苦労して住宅ローンを払い続けたおかげで多くの子供達は将来、譲り受ける家を持っている。ましてやこの頃では、親が子供の将来のためにという名目で、二ＤＫクラスのマンションを予備的に購入するケースも増えてきたと不動産仲介業者が発表していた。

一時の資産運用や投資とは違う、子を想い心配してのことだという姿を示しながらも、親自身の子供をいつまでも近くに住まわせておきたいエゴが、子供の結婚後の住宅準備へと走らせているのだ。

すでに、正当な競争心やハングリー精神が欠如《けつじょ》しているところに持ってきて、日本は構造的不況に覆《おお》われている。気楽に、気軽に生きればいい。自分の力で家を買わなくても、車や服やレジャーで満足しているほうがマシだ。自分の家を持つことに関心を示さない若者は増え続け、今後ますますその傾向は強まるはずだ。

これはある意味では、不幸なことではないか。

今、木造古アパートに人気が集まる理由

身《み》の丈《たけ》に合った暮らしを望む

少ないお金で夢の暮らしと結婚を実現させる月刊情報誌『ミスター・パートナー』の編集長として、日々取材に取り組む私は、若いフリーターと接する機会も多い。

先日、バンド活動をしている一九歳のフリーターの女の子と話していて、こんな質問を受けた。

「中央線沿線で木造の壊れかかったアパートを知りませんか？　炊事場やトイレは共同でいいから、できれば家賃は三万円以内がいいんだけど」

聞けば彼女は、西荻窪《にしおぎくぼ》の閑静な住宅地のオートロックつきワンルームマンションに暮らしているという。家賃は月六万円。相場からすれば決して高くない。いや、東南角部屋で三階だと聞けば格安ですらある。

彼女は三つのバイトをかけ持ちしているから、家賃を払っていくだけの充分な収入もある。そんな彼女がなぜ「古い木造アパート」に興味を持つのだろうと不思議に思った。

彼女はその理由をこう言った。

「今の部屋は私にとって贅沢《ぜいたく》すぎるんです。陽当たりもいいし、小さいけどユニットバスもある。でも私はもっといろんな人がワサワサ住んでる雑多な暮らしがしてみたい。そのほうが楽しそうだから」

彼女は普通のサラリーマン家庭で育った女の子だ。親からの援助は受けていないので、好きなバンド活動を続けていくために毎日終電まで新宿や渋谷の居酒屋で働いている。自分の道をつき進むのに、自力で生活基盤を支えている。当たり前のことだが、その根性は立派なものだ。

深夜、家に帰り着く頃には一日中立ち仕事をした疲労で〝爆睡〟寸前だという。そんな一〇代が、今の部屋は分不相応だと考え、さらにストイックな暮らしをしたいと熱望しているのだ。

無個性で面白みのない人間になる恐怖

最近、彼女のような若者が増えてきた。これまでの日本社会がつちかってきた物質的な豊かさや、便利で新しい、モダンな生活スタイルに価値を見出せなくなっている。そればかりか、彼らは本能的にそんな日本社会の持つなまぬるさから逃れようとしている。そうしなければ、自分が無個性で面白みのない人間に落ちぶれてしまうと考えているのだ。

それは、若さゆえのアウトローではない。貧しい、質素な生活の中に漂う人間味や生活感を本気でよいものと信じ、追い求めているのだ。

私は彼女の話を聞きながら、自分の学生時代を思い返していた。

一九歳で大学を中退して以来、二〇年以上もの間、日本とイギリスを行き来してきた私は、四〇回を超える渡英経験の中で、イギリス人の金をかけずに暮らしを楽しむ姿を心底羨ましいと思ってきた。

すでに書いたように八〇年代に起きたバブル景気は、日本人の金銭感覚や生活感覚を根底から変えてしまった。私自身気をつけてはいるものの、イギリスに行って数日間滞在するうちに、日本ではとりたてて考えなかったこと、目に入らなかったものが見えてきて、ハッとすることがある。

五〇〇万円の家

私が初めてイギリスを訪れたのは大学二年の夏だった。その時、文通していたリバプールに暮らすイギリス人の友人を訪ねた。二七歳、保険会社に勤める彼は、二年前にリバプールの外れに建つタウンハウスを日本円にして約五〇〇万円で購入したと言った。

当時、私の感覚で五〇〇万円のタウンハウスといえば管理人もおらず、外壁もあちこち傷《いた》んだ狭いワンルームマンションと同様のイメージしか浮かばなかった。陽当たりも悪く、駅から遠く、要はガラクタ同然、不動産価値のない物件……。

イギリス住宅の知識がなかった私は、五〇〇万円の家はそんなものだろうと考えていた。

ところが彼の話を聞くにつれ、私はその実情にとても驚いた。まず間取りは四LDK。二階建ての、日本でいえばメゾネット式マンションだ。四部屋あるベッドルームは全て単身の女性に貸しており、常時満室ということだった。

ある時、彼がそのタウンハウスの様子を見回りに行くというので興味津々の私は彼に頼み込んで同行させてもらった。労働階級の人々が多く暮らす、見るからに貧相《ひんそう》なエリアにそのレンガ造りのタウンハウスはあった。

しかも近くに建つ公営住宅は日本人の私から見ても一瞬ひるむようなものだった。「隣近所の規範に適さない、単調、目障《めざわ》りな施設のようで、入居者は一様に低所得、異なる人種、社会的病理の群れをつくり、町を荒廃させ、不動産価格を下落させる」以前、本で読んだイギリスの公営住宅についての解説がピタリと当てはまる景観が目の前に広がっていたからだ。五〇〇万の環境ならやはりこんなものか。

友人に続いて恐る恐るそのタウンハウスのペンキのはがれた玄関ドアを開けて、ベッドルームのある二階に上がると、女の子達の明るい笑い声が聞こえてきた。友人が事前に訪問することを告げていたせいか、そこには二〇代のハツラツとした住人が全員揃《そろ》って私達を出迎えてくれた。

その中の一人が壊れかけたボイラーについて彼にあれこれ尋ね始め、長話が始まってしまったので、しびれを切らした私は彼女らに断って全ての部屋を見せてもらうことにした。

どの部屋も六畳ほどで狭いが、天井が高いため圧迫感がない。築年数の経ったフラットの壁は花が咲いたような明るいパステル調のペンキでペイントされていた。家具らしいものは何もなく、床にきれいなインド綿でくるまれたマットレスが敷いてあるだけ。

フラットの裏庭を見下ろす北側の部屋をのぞくと、女の子が一人で部屋の壁に絵を描いていた。昨日空色に塗ったというその壁に、彼女は雲を描いていたのだ。天井にはすでに白っぽい月と太陽が描かれていて、「この部屋は私の宇宙《ユニバース》なの」と嬉々としていた。

空色の壁面に合わせて、ベッドカバーも鮮やかなブルーだった。このカバーは友人の家の引っ越しを手伝った時、譲り受けたカーテン生地でつくったそうだ。彼女はアートカレッジの学生で、将来はインテリアデザイナーになるのが夢だと言っていた。

友人はそんな様子を見て得意げに私に話した。

「このフラットは決して上等とは言えないけど、イギリス人は豪華フラットより、自由に改装できる古い物件を選ぶんだ。しかもここの賃料は月一五〇ポンド（約三万円）と安い。だから、楽しみながら居心地のよい夢の住まいがつくれるんだ」

私は友人の言葉を聞きながら、ブルーと白で統一されたその小さな部屋に手を加え続ける彼女の姿にとても刺激された。自分の思い通りの部屋を、私もつくってみたい。そんな思いがつのった。

自分好みの部屋をつくる

日本に帰った私は、大学の掲示板やミニコミ誌をくまなくチェックし、ちょうど、東京郊外の瑞穂《みずほ》（西多摩郡）にある農家の納屋の二階二間が貸家で出ていることを知った。階下にある台所と母屋《おもや》の風呂を自由に使えて、家賃は一ヵ月一万円だった。いずれ将来は取り壊す予定の納屋だから、好きなように改装してかまわないと言われた。

引っ越した日は興奮してなかなか寝つけず、この古い木造納屋の改造計画を一晩中考えた。

単調だった学生生活はたちまち意欲的になった。私は一ヵ月間アルバイトをしてペンキや工具セットを買った。授業のない日はせっせと本棚をつくったり、壁を塗ったりと大忙しだった。

その頃、同級生や友人達は都心近くの利便性のよいワンルームマンションやアパートに暮らしていた。彼女らの部屋は家賃が高いうえ、訪ねてみると殺風景で落ち着かない。

「大家さんがうるさいから」「不動産屋さんとの契約で」と、彼女達は自由に部屋を使いこなせないでいた。釘《くぎ》一本打てず、白い壁紙にシミ一つつけられない。神経を遣って現状を維持していくのみだ。そんな部屋を訪ねてイギリスのフラットを見た時のあの感動を味わったことは一度もなかった。

一方、東京郊外の納屋に暮らす私のもとには、噂《うわさ》が噂を呼び毎日のようにいろんな人が遊びにやって来た。一〇人来れば半分以上が「ここを出る時は必ず教えてね」と電話番号を残して帰ってゆく。彼女達は工具セットや板やペンキに囲まれて暮らす私の風変わりな生活に、並々ならぬ興味の目を向けていた。

結局、大学を中退した私はその納屋を出て勤務先の出版社に近い都心に引っ越した。私が住んだのは一年間だったが、その後も友人、知人が引き続き順番待ちでこの納屋に暮らしているらしい。

イギリス人の〝住まう〟スタイル

先日、長年西麻布に暮らしているというイギリス人女性のアパートを訪ねた。デザイナーとして日本の商社で働く彼女が選んだ住まいも、古い二ＤＫの木造アパートだった。大手商社に勤める彼女が老朽化《ろうきゅう》したアパートを選んだ理由も、同様に部屋を自由に改装できるというメリットだった。

ドアを開けるなりカメラを持参するべきだったと悔やまれるほど、素晴らしい部屋だった。壁は真っ白、柱や窓枠など木工部分は全て黒でペイントしてあった。陽に焼けた畳の黄土《おうど》色は、骨董《こっとう》趣味の彼女が買い集めた木製の丸い座卓や茶簞笥《ちゃだんす》、藍《あい》色の座布団に調和していた。チューダー様式を彷彿《ほうふつ》とさせる日英混合のインテリアセンスに見とれていると、すでにほとんどの日本のインテリア雑誌がこの部屋を撮影していったと彼女は言った。

イギリス人はいつ、どんな状況でも住まいに自分のスタイルを投影し、手を加えながら自分らしい空間をつくり上げる。二〇年経った今でもそんなスタイルは変わることはない。世の中が好景気になろうが不況になろうが、自分のできる範囲で理想の住まいをつくり出す才覚こそ、暮らしを楽しむ極意ではないか。

豊潤な社会に生まれ育った日本の若者達も今、まさにそんなつくり出す暮らしをめざしている。そこには経済に左右されない、もう一つ別の新しい生き方がひそんでいるからだ。

中古物件こそ住む楽しみがある

家に帰りたくない！

私の住まいづくりの第一歩は、農家の納屋を改造して住んだ経験だった。その後出版社でアルバイトを始めた私は、通勤事情を考え都心のワンルームマンションに引っ越したが、独房のような狭い部屋での生活はたちまち多大なストレスを生み、暮らしに影を落としていった。

人が訪ねてきても、玄関の横にある小さな電熱コンロではお茶を入れるのが精一杯。さらに両隣に大家の嫁と姑世帯が暮らしており、彼らのベランダ越しの怒鳴り合いが絶えなかったため、休みの日には外出ばかりしていた。

いつのまにか仕事が終わっても会社で深夜まで資料をまとめたり、本を読んでいる自分に気づき、ある日、「これでは何のために生きているかわからない、帰りたくない部屋などさっさと引き払うべきだ」と決意した。

その結果、弱冠二三歳にして、リバプールの友人に負けず劣らずの築二五年という中古マンションを一〇〇〇万円で購入することになった。

地方出身の私にとって、大学を中退したばかりの新米社会人でありながら、東京で住まいを購入するなど考えてもいなかったことだった。だが、手を加え、やがて成熟したロンドンのフラットのような風情をたたえていくような自分の拠点を手に入れなくては生活の基盤が保てない、東京生活そのものが枯渇《こかつ》していくという切迫感があった。

不動産購入に不安のあった私は、父に頼んで上京してもらい、一緒に方々の物件を見て回った。しかし、名だたるブランドのマンションは値段も高いうえ、室内は小さく区切られ、息の詰まるような圧迫感を感じた。どれも四〇平方メートル前後の狭いスペースの所に廊下をとってみたり、ウナギの寝床のように二間を続き部屋にしてみたり、豪華に見せるためにリビングの入り口にわざわざガラスのドアをつけて使いづらくしているのも似ていた。

初めて自分の家を持つ

そんな時、たまたま立ち寄った不動産屋で荻窪に一〇〇〇万円のマンションがあると言われ見に行った。建物は取り壊し直前の医院のようでかなり古びていたが、入り口に大きな庭があり、豊かに実ったレモンの木が訪れる人を歓迎してくれているようだった。

最上階の部屋に上がってみると、南側の窓の向こうには東京の住宅地が広がり、気持ちのよい風が吹いていた。築年数の経ったマンションだけに、柱や壁、扉などはすっかり黒ずんでいたが、キッチン、トイレはそれぞれゆったりつくってある。二つある六畳間は台所を挟んで南と北に振り分けられ、これなら万が一ルームメイトを入れても、プライバシーは保てそうだと思った。

同行した不動産屋と父は、「古すぎる」「借地権で資産価値がない」「売却する時買い手がつかない」と反対したが、私はこのマンションを買うと譲らなかった。

不動産屋の営業担当者は最後まで納得できないようだった。

「いいんですか。もっと駅に近くて状態のよいマンションはたくさんあるんですよ。あの部屋をリフォームしたら、いくら費用がかかるかご存じですか？」

私はすかさず言った。

「一〇年後、いえ五年後、遊びにいらしてください。なぜ私がここにこだわったかわかるはずですから」

入居後、すぐに私は家中の深緑色の砂壁《すなかべ》をオフホワイトのペンキで塗った。じめっとして陰気な和室は、たちまち明るい無彩色の世界に変わった。また、近所の救世軍バザーにある中古家具売り場から、ベージュ系のカーペットを何枚も買ってきて大きさに合わせて裁断し、家中に敷いた。そのとたん日焼けしてドス黒くさえなっていた畳は消えてしまった。

私は嬉しくて部屋中を歩き回った。

オフホワイトの壁の光が部屋中に反射していた。私の願っていた成熟した古い家の骨格ができたのだ。いつか自分の住まいを持ったら、家にこだわるイギリス人の主婦に教えてもらった部屋づくりの基本を実践してみたいと思っていた。それが今、現実になったのだ。

「手早く古い家を改装しようと思ったら、まず家の中でも広い面積を占める、壁や床やカーテンを替えてしまうこと。そうすれば部屋づくりのコンセプトは出来上がるわ」

やってみれば簡単なことだった。そしてこんなに楽しいことがこの世の中にあるのかと思うほど夢中になった。

住まいを愛し育てる

頭金の少なかった私は、購入費用のほとんどを長期のローン返済としたが、一〇〇〇万円のマンションだから、管理費を入れても返済額はそれまでの家賃とほぼ同額だった。休みの日は家にいる時間も増えたため、逆にわずかながらも貯金ができるようになった。

もし、私が地方出身者でなく、東京に実家があって親と同居していたなら、家を買うこともないまま齢をとってしまったかもしれないと思う。

イギリス人にとって「家はわが城」というが、探し求めて出合った家というのは、そこにこだわればこだわるほど「城」以上の価値が出てくるはずだ。

「自分が選びとった住まいを愛し、育てることは、自分の人生を成長させていくことなのよ」

前述のイギリス人主婦は、自らが暮らすロンドン郊外の庭つきフラットを私が訪れるたび、小さな裏庭でデッキチェアに横たわりながら家づくりの極意を話して聞かせてくれた。

自分の暮らしの基盤を自分なりに構築していくなら、たとえ過分な金を手にしたとしても、そこに新たな夢の計画が誕生する。数年前、彼女は国営宝くじで二〇〇〇万円を獲得した。その金でウェールズの海岸沿いに小さなホリデー用のコテージを購入し、残りを交通遺児救済のチャリティー団体に寄付したと本当に嬉しそうに教えてくれた。

彼女はこの時三二歳。社長賞を受けながらうなだれる日本の青年と同世代であった。

暮らしが変わるイギリス式リフォーム術

町並みが育てる感性

思い起こせば、住まいに関する興味はずいぶん昔からあった。和洋折衷《せっちゅう》のさまざまなデザインの建物に満ちたノスタルジックな長崎市内に生まれ育ったことが、ごく幼い頃から家や街並みに並々ならぬ関心を抱かせる原因となったのかもしれない。

家の前には長崎の観光名所となっている眼鏡橋が架《か》かっていて、武骨《ぶこつ》な自然石で造られた橋のたもとにチョークで落書きをしては、空き缶ですくった川の水を引っかけて消していた。

中学、高校の頃は、グラバー邸など西洋風の建物が数多く残る、長崎港を見下ろす東山手、南山手をよく歩いた。

油絵を習っていたので、長い年月を経て風化した洋館の近くに座り、一日中写生することもあった。大浦天主堂にはいつも観光客用にグレゴリオ聖歌のテープが流れていて、友人と懺悔《ざんげ》室《しつ》にしのびこみ「告白ごっこ」と称して、好きな人について延々と語り続けたりした。

とりたてて考えたこともなかったが、今にして思えば、建物や街並みというのは、人が成長していく過程で、感性の成熟という点では相当な影響力を及ぼすのではないかと思う。

リバプールを初めて訪れた時、小高い丘の一角から眼下に広がる街並みとアイリッシュ海を見渡して驚いた。そこから受けるイメージがあの一〇代の日々、友人達と闊《かっ》歩《ぽ》した長崎の山手にとても似ていたからだ。後に学生時代の友人を連れて同じ場所に行ってみると、みな口々に「長崎に似てる。懐かしい」と連発した。国や建物のスタイルが変わっても、根底に流れるコンセプトが同質のものであれば、人はそれをかぎ分けることができるのだと思った。

部屋に癒《いや》しを求めたい

一〇代の末に東京という無味乾燥《むみかんそう》な街を居住地に定めたものの、私は街並みから受ける癒しとか感動に飢《う》えていた。

東京に暮らす外国人の友人達は時折鬱積《うっせき》したように「I need countryside.」とうめきながらヒッチハイクを繰り返し、関西や信州に発作的に旅立っていくが、その気持ちはよくわかる。その傾向は特にイギリス人に強いというのもうなずける。

東京という街には求められない情感を住まいへ。せめて、家の中だけでも、自分が好きだと思えるスタイルにしたい。社会に出て働き始めてからというもの、自分の住まいに対する意欲は衰えることはなかった。

それればかりか、購入した中古マンションを自分の力で変えていく作業が余暇の楽しみとなった。そんな作業は、面倒で煩《わずら》わしいどころか、予期せぬ発見の連続だった。

当時の私の給料は一二万円。都内の単身者が住むアパートの相場が六万円だから、収入は決して多くはなかった。部屋づくりにお金をかけられない事情が、工夫生活を生んだ。

貴重な技術者、高齢の職人

しかし、自分でできる改造にも限度がある。住み始めて少し経った頃だ。なぜか室内のホコリがやたら目につくようになった。室内の四隅にたまった綿ボコリの原因の一つは、家中のじゅうたんのせいだと業者に教えられた。こうなるとやはり床はフシがついていてよいから木の無垢材にしたいと思い始めた。

近所の材木屋を訪ねたところ、区の高齢者事業団に所属する大工さんなら床工事を安くやってくれると教えられ、すぐに役所に問い合わせると早速業者を手配してくれた。

事業団からの紹介で打ち合わせに自転車でやって来たのは近所に住む白髪の大工さんだった。二ＤＫのわが家の床の張り替えを、材料費込みで六万円という安価で引き受けてくれた。分厚いメガネが印象的で、七三歳という年齢を聞いて再び驚いた。

彼は暇な時に自転車に材木を積んでやって来ては、古い床材をひっぺがし、基礎からきちんとつくってくれた。仕上がった床にニスも塗ってくれた。一〇日間の工事の後、海外のインテリア雑誌を見るたびずっと憧《あこが》れていた飴《あめ》色のニスが光る、天然木の美しい床が出来上がった。

「今は施主さんも工務店に一括《いっかつ》してたのむから、齢とった大工に仕事はないんだ」

工事中、そんな大工さんの言葉を何度も聞き、心が痛んだ。安くてしかも作業の丁《てい》寧《ねい》な地域社会の職人を、私のような金のない施主が探しているのに、需要はあっても情報が届かないのだ。

そんな思いは当たった。友人、知人が床の張り替えの様子を見にやって来るたび、大工さんと話し込んでいた。そしてわが家の床が完成した時、彼のもとにはうちを見にきた人達から三件もリフォームの依頼が入っていたからだ。

家づくりに関する関心が高まる一方で、日本では職人一人一人の情報は入手しづらい。

ものづくり大国・日本を支えてきたのは技術の高い職人なのに、高齢者となった彼らの技術と経験が生かされないでいるのは大きな損失ではないか。特に日本は不況に突入してからというもの、建て替えよりもリフォーム需要が伸びている。先行きの不透明さから新築の家を建てるより、とりあえず一部を補修して住むことを選ぶ施主が増えているからだ。

だからこそ、地域社会に暮らす高齢の職人に関する情報を広く公開するしくみが自治体を中心にできないだろうかと思う。

優雅なバスルームを格安で

ヨーロッパにはギルドという職人集団が存在する。数百年以上も前に建てられた家の補修には、若年の職人では対応できない熟練者の知識と経験が必要とされるからだ。逆に言えば、古い家に多くの人が抵抗なく暮らせるのは、昔の家の補修・修繕をこなせる技術のある職人と、歴史ある建物に加えても違和感のない豊富な部材が流通している背景がある。

こんなことに気づいたのも、少ない資金で理想の家づくりをめざしたためだ。

床が完成すると翌年には、風呂場と洗面所とトイレを改装した。それぞれを仕切っていた壁を取り払いドアを外してみると、水まわりは全体で約六畳ほどのまとまったスペースだったことがわかった。

イギリスの地方にあるB&Bで見たバスルームは、まるで個室のように広々として、バスタブの横に椅子が置いてあり、室内にはチェストや本棚も置いてあった。トイレと風呂がちまちまと分かれていなくていいから個室のようにゆっくりくつろげる、そんなバスルームが欲しかった。

トイレは壁のくぼみなどを利用して適度に浴槽《よくそう》と隔離してみた。

水まわりの改装には金がかかると聞いていたが、これも方々の業者に当たった末、地元の工務店のショールームにあった展示用の細長い浴槽と便器を現品でいいからと交渉し、格安で施工まで引き受けてもらった。

バスルームの床全体には白とグレーの四角いタイルを市松模様《いちまつもよう》に貼り、壁面と天井は粗《あら》い白地の塗り壁にした。

夜になると近所に暮らす二〇代のイギリス人の友人達と、目黒区や港区などの高級住宅街を車で徘徊《はいかい》した。日本の景気は上昇中だったせいか、街角のゴミ捨て場には、まだ充分使える椅子やスタンド、テレビやステレオが放置されていた。

在日外国人の口コミネットワークで得た宝探しのポイントを友人達はよく知っており、ある時など改装中のバスルームの壁に飾る鏡があればいいなと言いながら、世田谷の住宅地のある集積所に行ってみると、いぶし銀で縁取った鏡が捨ててあった。

同行したイギリス人は手を叩いてこう言った。

「To become wealthy at a single bound! まさに一攫千金《いっかくせんきん》! 東京はタダで金持ちになった気分になれる、何てすごい街なんだ!」

拾ってきた鏡を白い壁にかけると、バスルームは水まわりというより書斎のような落ち着いた雰囲気になった。棚には選びぬいた本や雑誌を並べ、浴槽の横には小さな木製の椅子を置いた。ここには時計を置き、入浴中、本を読みふけらないよう気をつけた。照明はランプなどを数ヵ所に取りつけ、間接照明の淡い光を楽しんだ。

買った時より高く売れた!

こうして一〇〇〇万円の中古マンションは月日とともに成長していった。マンションを探していた時、購入に反対した不動産業者が五年経って本当に訪ねてきた。彼は室内の方々を見て驚いていたが、広々としたバスルームを見たとたん腕組みしてため息をついた。

「家っていうのは変わるもんだ」

彼は帰る前に「もう一度ながめさせてください」としばらくバスルームの前にたたずんでいた。

購入から一〇年経って、このマンションは売却したものの、少しずつ手を加えて完成した住まいは、私がめざしていた「ロンドンのフラット」スタイルになっていた。そんな私の家をひと目見て気に入ってくれた新しい買い主は二〇代の単身の女性で内見のたびに「おしゃれだ」を連発し、さらなる築年数を経たにもかかわらず、購入価格より二〇〇万円高い一二〇〇万円という値がついた。

実はこれも、イギリスの若者が買い換えのステップアップをめざす時の手法で、古い物件に手を加え付加価値をつけてさらに高値で売却する。その差益をもとにさらにもう一段、グレードアップした住まいを購入するのだ。

イギリス人は家づくりを「オン・ゴーイング・プロジェクト」と呼ぶ。住まいにかかわり続ける楽しさこそ、人生の最大のエンターテイメントだからだ。

よくいろいろな人から、賃貸のアパート住まいでもイギリス的家づくりはできるのかと聞かれる。それはもちろん可能なことで、手を加えてもかまわないと言ってくれる物件や家主を探し出せばかなう。

すでに書いた通り、私は農家の納屋や安価の中古マンションにこだわった。新築で設備の整ったマンションは二〇代の私ではとても買えなかったということもあるが、たとえ経済力があっても同じ結論を出したのではないかと思う。新築のマンションでは私がめざした暮らしができないからだ。

宝探しがかなう国、日本

ところで、使い捨て社会・消費大国日本は、別な視点から見れば必要なものがいともたやすく手に入る国でもある。地域の商店街を歩けば、在庫にできない商品は現品処分品として店頭に積まれ、展示品というだけでさらに値が下がる。家具から家電まで日本ではモデルチェンジがあまりに早く、消費が追いつかないからストック商品は値下げしてでも売却されるのだ。

また、街に出れば、粗大ゴミと呼ばれる生活必需品が捨ててある。同じ設定はイギリスでは起こりえない。なぜならイギリスの古道具屋にはほとんど使いものにならない家具でさえ、堂々と値をつけ商品として並べられている。それに金を出す国民から見れば、日本は宝探しの国である。

同じことは日常の生活の中でも起きている。自転車から洗濯機までたえずどこかで誰かがものを捨てたい、手放したいと思っている。真剣に探し求めるなら、口コミで欲しいものはたやすく手に入る。

こんなふうに新しいものが過剰に流通している日本では、金をかけない生き方も工夫次第で簡単に成り立つ。ここに多くの人が気づかずにいる。

しかも、これは住まいだけの話ではない。

第2章 増え続けるモノとのつきあい方

買いたい衝動が止まらない

デフレ経済が生活を変えた

二〇〇二年、夏。日本はデフレスパイラルの渦《うず》の中にある。ここ数年間、東京に暮らしていて「生活が楽になった」と感じることがままある。

町に出て買い物をしようと思っても、服から日用雑貨までが急激に値下がりしているのだ。日常服はどの大手スーパーもユニクロと横並びで、一〇〇〇円台で品質の良いものを売り始めた。一〇〇円ショップがショッピングセンターや駅の近くで店舗を拡張し始めてからというもの、九九円ショップも増えてきた。肉から野菜まであらゆる食品が小口に分けてあり九九円で買える。ちょっと割高に感じていた調味料も九九円だから、私の家のそばにある店では核家族や単身者でいつも夜遅くまでにぎわっている。それに追従するように一〇〇円ショップもますますそのアイテムを増やし始めた。

私など消耗品である文具はもっと安くならないか、とつねづね思っていただけに、今では付箋《ふせん》紙やクリアファイル、ステープラー、大学ノートと全て一〇〇円ショップで調達している。仕事中にうっかり文具を切らした時など、一般の文具店に駆け込むが、一〇〇円ショップに慣れた金銭感覚ではどうしても高く感じてしまう。

また、大手薬局チェーンに行けば薬から洗剤まで激安品が並ぶ。休日、駐車場待ちをしなくても深夜営業のディスカウントストアで、ホームセンターと同じく日用品から家電まで、これまた安く買うことができる。

日本はフリーポートのようだ。これだけ安くてまともな品質のものを今や海外で買うことはできない。

物価高のイギリス

そんな日本に暮らしていると、イギリスに行くたびにものが高いと感じてしまう。

これはポンド高のせいだけではない。先頃、ロンドンで買い物をしていて、大手スーパーのマークス&スペンサーで値札を見て驚いてしまった。

婦人物のウール一〇〇パーセントのシンプルなセーターが約八〇〇〇円もする。今の日本では、これだけ出せばカシミア一〇〇パーセントのセーターが手に入るのにと思った。これを庶民の値段とするなら、イギリスは本当に景気がよいのだろうか。

だが、セール前の店内は日中も買い物客が少ない。クリスマスショッピングをする人達もいるにはいるが、日本のデパートと比べるとやはり活気がない。衣料品コーナーでは特にそう感じる。

イギリス製品の品質は？

日本に長く暮らすイギリス人の主婦にこんな話を聞いたことがある。クリスマスにイギリスに帰国した彼女は、親兄弟にクリスマスプレゼントとして日本で買い求めた衣類を持ち帰った。中身は大手スーパーで買ったセーターやジャケット、そして下着類だった。

「ジャケットで五九〇〇円。下着なんて九八〇円の特売品をラッピングしてみんなに贈ったの。そしたら『こんな上等な服、見たこともない。高かったでしょう』って、贈ったものを隅々までながめて大喜びされたの。イギリス人にとって日本と同じ高品質の衣類を買おうと思ったら、それなりの支出を覚悟しなければ手に入らないからよ」

彼女いわく、日本では一〇〇〇円台のスカートにも立派に裏地がついている。けれど、イギリスで裏地つきの服を買おうと思ったら、その一〇倍の金額を払わなければいけない。そう言われて、オックスフォードストリートに並ぶ「Principal」「Miss Selfridge」や「Wallis」などの店に立ち寄ってスカートの裾《すそ》をめくってみたが、彼女の言った通り、安価な服に裏地つきのスカートやワンピースは見当たらなかった。

下着にしても同様だ。イギリス人の、特に男性は私が男性への土産を探していると言うと、声を揃えてマークス&スペンサーの下着やパジャマを勧める。

「high quality」「real cotton」と言って何度も売り場に連れて行かれ、言われるがままに買い求めたことがある。

だが彼らの誇るこれらの品は、何度か洗濯すると糊《のり》が落ち、型くずれしてヨレヨレになる。

以前、柄に惹《ひ》かれて自分用にマークス&スペンサーの紳士物のパジャマを買ったことがあるが、日本のスーパーで一〇〇〇円均一で買ったパジャマのほうがはるかに丈夫で、着心地がよいということがわかった。

両国とも、販売している衣料品は人件費の安い国々で生産しているにもかかわらず、これほどの差が出るのはどういうわけか。ものの溢れた日本では、より品質のよいもの、個性的なものを供給しなければ販売競争に勝てない事実があるからではないか。

服は着られればいい

不況の日本に彗星《すいせい》のごとく登場した国民的カジュアルブランドのユニクロが、二〇〇一年九月にロンドンに初の海外進出店舗をオープンした。オープン時には開店前から行列ができ、レジ待ち三〇分という盛況ぶりだった。シャツ一枚を競合店のマークス&スペンサーやギャップの約半値で売り出したからだ。

品質のよいものに慣れた日本人にとっても、ユニクロの出現は衝撃的だった。無印良品と同じく、素材や製法を広告などで明確に買い手に伝えて、それでもこれだけ安く販売するのだという主張を展開してみせた企業。我慢大会、安売り合戦のデフレスパイラルとは一線を画したポリシー。そこが「何かを買いたい」日本人に強く支持された。

ところが、イギリスの新聞で伝えられたユニクロ商品に対するイギリス人のコメントは意外に淡々としたものだった。

「ユニクロもいいが、イギリスには他にもっと安い店がある」

その冷静なリアクションは強く印象に残った。

これについてイギリス人のジャーナリストはこう語った。

「日本人は、いつも買うものを探している。買い物は日本人にとって最大のエンターテイメントだからだ。けれど本質的にイギリス人は生活自体にそれほど金をかけない。服は着られればそれでいい。車は動けばいい。いまだに多くのイギリス人はそう考えている。だからプラスアルファを買い物に求めない。そこが日本人との違いなんだ」

　確かにイギリスの街をドライブしていると、もう何年も洗車していないようなホコリだらけの車が街を走り、穴のあいたシューズを平気で履いて接客する店員をよく目にする。

　以前マンチェスターで宿泊したB&Bでの出来事を思い出した。朝食を運んできた宿の主人のセーターに穴があいていた。肘《ひじ》の部分だったので皿を持ってくるたびに私は気になって見ていた。すると、隣に座っていた宿泊客のアメリカ人がやはりその穴に気づいて、「あなたの服は年季《ねんき》が入っている。そろそろ寿命じゃないですか」と笑った。すると彼は真面目な顔をしてこう言った。

「とんでもない。穴が一つあるだけだ。このセーターはまだ充分着られる。多分永遠に着られるよ」

　デフレスパイラル――不景気になっても何かを買い求め続けたい私達の暮らしにユニクロのような企業は必要だったのだ。買いたい欲望を安い金で満たしてくれて、余分に買っても実用的だから納得できる。ベーシックなものだから贈っても迷惑に思う人はいない。

けれど一度買ったフリースを私達がイギリス人のように着続けるのなら、フリースは今あるもので充分ということになる。事実、ユニクロのしっかりとした縫製なら簡単に破れたり傷んだりすることはないはずだ。この企業はそんな丈夫さを売りに大衆にアピールしてきたのだから。そうすると、皮肉にも新製品はこれ以上必要ないということになり、ここでもまた商品が売れなくなる。

「I hate shopping. ——ショッピングはうんざりだ」イギリス人の男性が何度もこう口走るのを聞いたことがある。それに関連して在日イギリス人の多くが、毎週末ショッピングセンターや街で買い物をする日本人に驚いているという話を思い出した。

買いたい、買いたい！

映画『インデペンデンス・デイ』の中で、群衆がパニックになり逃げるシーンがある。

「とてもステレオタイプのとらえ方だとは思うけど、『逃げろ』とうながす声に『まだ買い物したい！』と若い日本女性が日本語でごねるの。不況だと言われながらいまだに全世界のグッチのシェアの五〇パーセントを日本人が占めていると聞けば、まさにこの映画のシーンのようだと思うの」

いつかイギリス人の若い女性がつぶやいた言葉は示唆《しさ》に富んでいる。

いざ日常生活に目を移した時、何かを買いたい衝動はものの値段が下がり始めても止まるどころか、ますます拍車がかかっているようにも思える。

しかも「金を使え、ものを買え」と、消費を盛り上げて景気を底上げしようという政府や企業の論理も報じられているのだ。

けれど貯めても使えない金に縛られ、買っても使わないものにうんざりしている私達に、この先どんな金の使い方があるのだろうか。

食べ残しを包む新しいサービス

残したものは持ち帰り

ロンドンのクイーンズウェイにあるレストランで友人と食事をしていた時のことだ。ビールやワインを何杯も飲み、お腹がふくれてしまった私達は、美味《おい》しいトルコ料理――シシカバブやピタパンをかなり食べ残してしまった。今さらながらチキンの串焼きを少し控えればよかったと、目の前のこんがりと焼けたピタパンをうらめしく思った。

トルコ料理につきものの平たいピタパンは、中に野菜やチーズを挟んで食べると、歯ごたえある風味であっさりしていてとても美味しい。ピタパンはマークス＆スペンサーなどイギリスの大手スーパーのパン売り場でも売ってはいるが、やはり一番美味しいのはトルコ料理店のシェフがつくる焼きたてだ。それだけに、食べ残すのは本当に残念で、この夕食をごちそうしてくれたイギリス人の友人にも申し訳なく何度も謝った。

ところが私達が帰ろうと席を立ったその時、店のウェイターがビニール袋を持ってきた。

「食べ残しのパンは、よろしければこの袋に入れてお持ち帰りください。必要なら料理はキッチンでラッピングしますが、どうしますか？」

残したピタパンを惜しいと思っていた私にとっては、予想もしていなかったサービスだった。私達は嬉々としてピタパンを袋に入れ、皿の上に残った料理は全てラッピングしてもらった。イギリス人の友人は、

「画期的なサービスだ。この店の経営者は何て頭がいいんだろう」

と絶賛し、手を叩いて喜んだ。

こんな気遣いは客にとって、店でトルコ音楽の生演奏を聴かせてくれる以上のインパクトだ。差し出されたのはたった一枚のビニール袋だが、この気遣いは料理を堪能《たんのう》した以上の満足感をこちら側に与えてくれる。しかも食べ残された料理はムダになら

ず、夜食になり、次の日の贅沢なランチに変わるのだ。

食べ物を捨てることに鈍感な国

私はイギリスでこんな経験を繰り返して以来、日本でも外食する時には余分に注文しすぎないよう気をつけている。しかしなぜか大勢でテーブルを囲むと、必ず何品かの食べ残しが出る。一人で食事をする時はめったに残さない人も、大勢になると残すというのは不思議なことだ。

そうなると私はいてもたってもいられなくなり、「簡単にアルミホイルに包んでもらえませんか」と店の人に頼むのだが、「申し訳ありませんが、うちではそういうことはいたしておりませんので」と、即座に断られることが多い。

ある時など、偶然立ち寄ったイタリアンレストランのピザが絶品で、連れが食べ残したピザをどうしても持ち帰って冷凍したいと思った。一日一切れずつオーブンで温めて毎日の夜食に味わう。そんな思いで店の人に頼んだが、衛生上責任が持てないから困ると言われた。わが家はここから車で五分のところにあると説明してもダメだと言われ、最後は店のオーナーが出てきた。

「持ち帰られて万が一食中毒にでもなられたら責任が持てません。食べきれないなら置いていってください」

その日は初秋の肌寒い夜だった。オーブンで焼いたピザがそんなに簡単に腐るのだろうか。客の残飯を日常的に目にする彼らにとって、食べ残しに執着する客の態度は、単に仕事が増えて面倒だと考えられているのではないか。

若者に人気の渋谷にある中国料理店でアルバイトをする一〇代の女の子と話した時のことだ。彼女によるとこの店では、中国、台湾、韓国などから来た東南アジアの留学生も大勢アルバイトをしており、閉店までの遅番シフトが彼らに人気なのだという。

「遅番になるとお客さんが手をつけずに残したコース料理をタダで食べられるから」

彼女にとってもこんなごちそうは働く楽しみになっているという。店を閉め、宴会席のテーブルの上に残された手つかずの料理は、皆でテーブルの一角によけておく。店の清掃を終え、タイムカードを押してから留学生と数人の日本人は、一緒に円卓を囲んでめったに口にすることのできないコース料理を食べ始める。その瞬間こそは、一日で一番幸せな時間なのだそうだ。

一方、ほとんどの日本人の大学生アルバイター達は、その輪に加わることもなく、夜の町にくり出す。

そこで働く中国人の男の子は彼らの後ろ姿を見て、タダのごちそうがここにあるのに、どうしてわざわざ金を使って食事に行くんだろうとつぶやく。「その分いっぱい食べられるからいいんだけど」と喜ぶ彼らの単純さに胸が詰まった。

それにしてもレストランで働くまでは見たことのなかった大量のごちそうの残りにとても驚いた、と、私と話したその女の子は語った。

廃棄品を生む流通システム

これと似た話を以前聞いたことがある。コンビニでアルバイトを始めた高校生が、サンドウィッチからおにぎりまで、消費期限の過ぎた食べ物を二四時間ごとに捨てる作業を店長からまかせられた。

その高校生は生まれて初めて大量の手つかずの食べ物をゴミと同じように捨てた。店長は欲しいなら持ち帰ってもいいと言う。しかし、両親と弟の四人家族では食べきれない量を、毎日袋に詰め込んで帰宅するため、家の冷蔵庫はコンビニ食で飽和《ほうわ》状態になってしまった。

「こんな感覚が私の中で常識になっていくのがこわい」

その高校生は、売れない弁当やサンドウィッチを、なぜこの会社はつくり続けるのか、世の中には飢えて死んでいく人達もいるのにと、毎日暗たんとした思いでアルバイトを続けているという。

しかも、コンビニ、ファーストフード店、大手スーパーのゴミ捨て場にはホームレスの人達がやって来るため、多くの店ではアルバイトにパックに入った惣菜は中身をむき出しにして捨てるように指導しているという。残り物を食べられたら困るからだと言われ、この高校生も弁当の中身は生ゴミとして捨てているそうだ。

残ったパンをどうぞ持ち帰ってくださいと促すイギリスでは、日本のように町のいたる所にコンビニがあるわけではない。一方、二四時間、いつでも便利、欲しいものが手に入る日本では、売れようが残ろうが毎日続々と食べ物を各店舗に配給し続けなければいけない。

そんな便利さを追求する社会では、過剰な食品は必要経費の一部になっているのだろうか。

イギリス式・おしゃれに金をかけない満足

十数万円のコートが「お買い得」？

「お取りおき服」という言葉を雑誌で目にするたびに、何か嫌なものを見た不快な気分になる。これは二〇～三〇代をターゲットにしたファッション雑誌の特集記事で頻《ひん》繁《ぱん》に使われる定番用語だ。

シーズンの初め、店頭に出回った服を見て買いたいが手持ち金がない場合、内金だけ入れて給料日（ボーナス日）まで店で取りおきしてもらうことが「お取りおき」だ。

以前、「この冬人気のお取りおきコート」というファッション誌の特集をめくっていたら、一〇万円以上もするコートがいくつも掲載されていた。しかも「リーズナブルプライス」と編集部が推薦《すいせん》をつけている。

コートがスカートやブラウスより高価なのはわかっているが、十数万円もする服を、あたかも買い得のように表現するのはおかしいではないか。海外有名ブランドの服と比べれば、国産ブランドはいずれもリーズナブルと言えるのだろうが、そもそもなぜ服にそこまでのコストをかけるのだろうか。

結婚、離婚を経て子育てをしながら二〇代を過ごした私の暮らしの優先順位は、食・住・衣。それ以外、考えられなかった。成長期の娘の食事を気遣いながら、家のローンをコツコツ支払う。その上で、服に金をかけるゆとりなどなかった。そんな私にとっては、デパートで正価で服を買うなど想像もできなかったのだ。

だからといって、おしゃれをあきらめたわけではない。一九歳から編集者として働いていたこともあり、人に会うことが日課だった私は服装にもそれなりのこだわりがあった。

おしゃれに金を使えない私は、イギリスで質のよい古着を探しては自分なりの着こなしを楽しむことに夢中だった。

イギリスの古着事情

イギリスの古着といえば、カムデンタウンやケンジントンマーケットなど日本の渋谷、原宿に匹敵するトレンディな場所で売られているファッショナブルなものと、各家庭から出る古着の二種類に分かれる。私はいつも後者を買っては仕事着として活用していた。

これらの古着はイギリス全土に広がるチャリティショップで買うことができる。「OXFAM」や「Save the children」「red cross」などボランティアの主婦達が各家庭の古着や不用品を集めて販売し、様々な施設や団体に寄付している店がそれである。

ながめていると、どこのチャリティショップも朝の開店と同時に地元の買い物客がひっきりなしに品定めに訪れる。たいてい店は奥が倉庫になっていて、持ち込まれた古着を仕分けする人、アイロンをかける人がせわしなく立ち働いている。

ケンブリッジの街を歩いていた時のことだ。教会裏の倉庫のような建物に、大きく

「CHARITY BAZAAR」と垂れ幕が下がっていた。その日は四月でも肌寒く、雪もちらついていたため、何か首に巻くものが欲しいと思った。中に入ると山のようなマフラーやスカーフが大きな段ボール箱の中に入っていた。「everything £1 ——全て一ポンド」という表示に胸を躍らせ物色すると、ペイズリー柄のカシミアのストールが出てきた。ついているタグを見ると、エルメスのものと知り再び驚いた。

服に金を使うことができなかった私にとって、数ポンドで品質のよいものが手に入るチャリティショップでの買い物は無理のない贅沢だった。ロンドンではながめるだけだったローラ・アシュレイやオースティン・リード、リバティのワンピースやブラウスも、運がよければたった数百円で手に入る。

そのうえ、多くのチャリティショップではボランティアワーカーによる手づくりのニット類も販売している。ソールズベリーのチャリティショップでは新品の手編みアランセーターがわずか八〇〇円だった。通りを隔てたブティックのショーウインドーに飾ってあった生成りのアランセーターを見てあきらめていただけに、レジで支払いをする時には手が震えた。

チャリティショップには夢が詰まっている。

イギリス流おしゃれ術

中流のイギリス人が多く暮らすロンドンの近郊の町、バース、ソールズベリー、スウィンドン、オックスフォード、チェルトナムのチャリティショップを丹念に歩くと、上質のコートやジャケットが見つかり驚くことがある。

ソールズベリーの「OXFAM」では、紺のストライプのイタリア製カシミアジャケットとアンゴラ一〇〇パーセントの黒いオーバーコートが、両方とも一八ポンドだった。しかもシーズンごとのクリアランスセール中だったため、その日は値札の半額の九ポンド（約一六〇〇円）となっていた。

どちらも欲しかったが、迷った末に黒のオーバーコートを買った。どんな女性が着ていたのか知るよしもないが、海を越えてわが家のクローゼットにしまわれたこのコートは、一〇年以上経った今でも冠婚葬祭ではとても重宝している。

一般のイギリス人は金のあるなしにかかわらず、こんなチャリティショップを活用しておしゃれを楽しんでいる。運営はミドルクラスの人達が中心になっていることからしても、持ち込まれる服のクオリティが決して安物ばかりでないことは察しがつく。

感心したのはイギリスの大学生が、クリスマスパーティーや卒業パーティーが開かれるたび、チャリティショップでタキシードやイブニングドレスを調達する姿だ。「一年に一度、着るか着ないかわからないドレスは、これで充分」

多くの大学生が国から奨学金を受け勉強を続けるイギリスでは、大学卒業後に学費をローンで返却するケースも多い。そんな質素な生活を続ける彼らは、金をかけず人生を楽しむ生活術を、こんな経験を経て身につけていく。

日本では古着といえば個性的な若者が六〇年代、七〇年代の服をレトロなファッションとして着ているのみ。服の価格もどんどん安くなっているため、有名ブランドのリサイクル品以外は一般的には利用されていない。

都内のフリーマーケット会場に行っても、シートの上に並べられた古着の大半は数百円まで値下げされても誰も買わない。売れているのはレアな古着か未使用のTシャツやコスメ類のみだ。

それにしても、これだけ日本にものが溢れているのに一般家庭や個人から放出される品々はどうしてこんなに面白くないのか。だからこそ日本人はそこに目を向けないのだろうか。

破れたワンピース

こんなエピソードがある。

ここ数年、ロンドンと横並びで地価が高騰した、イギリス南西部にある人気の古都バースの古道具屋を訪れた時のことだ。店の一角で販売されている古着の中に、紫色のバラを描いたシフォンのワンピースがあった。羽根のような柔らかさと、手描きの柄に惹かれそのワンピースを手にとってみて驚いた。ワンピースの裾の部分が破れているのだ。肩も裂けて袖《そで》が片方とれている。これでは着られないと、もとにもどそうとしたところに店主がやって来た。

「それは貴重な一着ですよ。きっと今日中に売れてしまうだろうけど」

私はあちこちが破れたワンピースがなぜ貴重なのか尋ねた。

すると店主は胸を張ってこう言った。

「生地《きじ》ですよ。こんなロマンチックで繊細なバラ模様は珍しい。六〇年代の終わり頃流行したこの生地は今では手に入らない」

彼はわざわざ私に向かって再びワンピースを広げた。そんな様子に、私が日本人だからボロ布同然の服を押しつけ買わせようとしているのではないかと警戒した。何と言おうか返答に困っていたその時だ。背後からイギリス人女性のかん高い声が聞こえた。

「まあ、何てすてきな模様でしょ」

振り返ると高価なスーツを着た中年の女性が、その破れたワンピースに目を輝かせて身を乗り出している。

彼女は「おいくらですか？」と尋ねた。

「一〇ポンド（約一八〇〇円）です」と店主が言うと、その女性は嬉しそうに「買います」と金を支払った。二人はレジを挟んで、「いい買い物をされましたね」「これで春に着るスカートをつくるわ」「それはいいアイデアですね」と終始にこやかに会話を交わしていた。

そんな様子に私は釘づけになった。豊富な古着のセレクションに加えて、素材がよいという理由で補修不可能なほど破れている古着でさえも売買が成り立つ。そんな堅実なイギリスの消費生活の一端を垣間見たからだ。古着を買って、さらに何かを新しくつくるとは考えもしなかったことだ。

ワンピースを他の客に買われ、ぼんやりしていた私に店主は忠告するようにこう言った。

「袖はとれていてもあの生地は充分使える。ちょっと手を加えれば今では買うことのできない価値ある服になるんだから」

在日外国人に学ぶサバイバル買い物術

大盛況の円高バザール

イギリスで徹底して暮らしを楽しむコツを知れば知るほど、ムダな金を使わないというイギリスで学んだスタイルを実現できる土壌が、日本のいたる所にあるのだといういう事実に気づいた。

類は友を呼ぶ――というが、こんなスタイルに興味を持った私の周辺には、日本人、外国人を問わず倹約生活を楽しむ人々が次々と集まってきた。

二六歳で編集長を務めた在日外国人向けの情報誌『HIRAGANA TIMES』のイベントで、バブル期に「円高バザール」という激安バザーを企画した。円高で物価の高い日本の生活苦に圧迫された在日外国人読者のため、日本企業数十社をスポンサーに、家電から食品まであらゆる生活必需品をわが社の会議室で展示即売しようというものだ。

主に日常生活に役立つものを販売するという趣旨に沿って、米から缶詰類、コーヒー、紅茶まで、全てを協賛企業から集めた。陳列などの準備は前日の深夜までかかり、疲労困憊《こんぱい》して家路につこうと会社を出たその時だ。会社の前に数台の車がハザードを点けて停まっており、その周辺にタバコを吸う外国人の姿があった。まさかと思ったが、彼らはこのバザーで買い物をしようと徹夜覚悟でやって来たブラジル人の家族達だった。

翌朝は明け方から長蛇の列ができ、編集部の入ったビルの非常階段は一階まで身動きのとれない状況となった。結果は懸念した通りで、午前一〇時の開場後、電気炊飯ジャーや湯沸かしポットは五分で売り切れた。市価の七割引きで全てを販売したため、様々な国籍の人達が怒鳴り合いながら品物をつかみ、会場は大騒ぎとなった。

英語で釣り銭を求める人や、韓国語で目当ての商品を横取りされたと興奮する人。残った商品も結局、三〇分で全て売り切れてしまい、その後やって来た人々に私達は英語、日本語で「Sorry, sold out.」と謝り続けた。

緊急に決定したイベントだったため、告知は『HIRAGANA TIMES』に小さく載せただけだった。その情報でこれほど人が集まるとは意外だった。その日の来場者は三〇〇人を超えたのだ。

「君達は在日外国人のネットワークの強さをもっと知るべきだ。僕らは物価の高い東京で生き抜くために、得する情報を絶えず分かち合っているんだから」

全てを売り尽くし閑散とした会議室にやって来たアメリカ人ビジネスマンは、皮肉を込めてそう言った。彼はこのバザーのことを友人から昨夜教えてもらったらしい。車でやって来た彼は道を間違え、開場の時刻に間に合わなかったというが、妻を同伴したこの中年のアメリカ人こそは、世界有数の飲料メーカーのエグゼクティブだった。

充実の救世軍バザー

東京・杉並にある救世軍では、毎週土曜日の朝九時からバザーが開催される。二〇年前は古い倉庫だった会場が、今では駐車場も完備された鉄骨の建物に変わっている。

その迫力ある施設では、街の片隅で汚い古道具を売るイギリスの救世軍とは比較にならないほど多岐にわたった中古品がデパートのように展示販売されている。中古の家具、家電、食器、本、靴が所狭しと積み上げられているが、一番の売り場面積を占めるのが古着コーナーだ。

そこでは、一般のデパートで販売されている人気国産ブランドの売れ残り品、B級品も販売されている。スーツ、コート、ジャケットと、町で普通に買えば何万円もするものが三〇〇〇円前後という破格値で販売されており、値打ちある新品服が常時並んでいる。

これはチャリティの趣旨に賛同したアパレルメーカーが、常に救世軍に在庫の寄付をしているところから実現しているらしい。しかも春・夏・秋・冬とデパートのように季節に合わせたニューモデルの服が出てくるため、結婚式やパーティーに招かれるたび、私はこの一角で時間をかけて紺や黒といったベーシックなフォーマルドレスを見繕《みつくろ》う。

それにしてもフォーマルと名がつくだけで、黒系のスーツやワンピースがどうして普通のそれより高くなるのだろう。しょっちゅう着る服ではないだけに、冠婚葬祭の慣習に縛られた日本人の弱みにつけ込んだ商法としか思えない。

私の友人は、救世軍で買い求めた服を上手に着こなしているため、いつも職場の女性達からは、高そうな服ばかり着ているけれど、どこで買い物をしているのかと聞かれるそうだ。とり憑《つ》かれたようにブランドに投資している彼女達は、今度一緒に買い物をしようと友人を誘うらしい。友人は困惑して私に言った。

「彼女達が本当のことを知れば私を軽蔑《けいべつ》するかもしれない」

彼女自身、このバザーで買い物していることを気恥ずかしいと感じているようだった。そんな見栄は日本人独特の感情だろうか。

広い店内には年中大勢の買い物客が詰めかけている。そんな中、在日外国人はここでも中心的存在になっている。留学生風の若者もいるが、特に目をひくのが中高年の欧米系のカップルだ。和食器のコーナーで有田焼など値打ち品の品定めに没頭している彼らは、インテリアに生かせる日本独特の道具を丹念に探している様子だ。

救世軍の周辺の道路には、土曜日ともなれば外交官ナンバーの車が列をなして停まっている。彼らは山のような古着や生活雑貨を買っては、それを戦利品のように嬉々として車に積み込んでいる。

社会的には地位が高いとされているこういった人々が、イベントやバザーに出向いて日本の社会から捨てられた品々を暮らしに役立てている。

どんな環境でも個人の生活スタイルはできる

日本では役人の腐敗《ふはい》が続々と報道されているが、利権とか癒着《ゆちゃく》の果てに国民の税金は特定の関係者のもとになだれ込み、それを律する社会倫理も踏みにじられている。だからこそ外国の大使館関係者が数百円の古着を右往左往しながら買い求めている姿と、日本の歪《ゆが》みがとても対照的に映るのだ。

社会的地位が高くなるほどに、生活も高級化しなければならないとする考えをどこかで清算しなければ、日本は質素で堅実なエリートが存在しない国になるのではないか。

ちなみに、救世軍に陳列されている家具や生活雑貨を見ていると、時折、外国製の大型ソファやスタンドが販売されていることに気づく。在日外国人は必要なもの、着たい服を救世軍で買い求めて、自国に帰る時には再びこのバザーに寄付をする。

イギリスで知った合理的な生活スタイルを、日本においても当然のように実践する外国人。そんな彼らの暮らしぶりを見ていると、どんな環境にあっても個人の生活スタイルを貫く道はあるのだと確信するのだった。

第3章

心を開放した人づきあいの極意

お土産に心を託せない誤算

人づきあいにかかる金

私はいくつかの自著の中で、イギリス人は人づきあいの中で、金やものを必要としないと書いた。かたや日本人は冠婚葬祭から盆、正月の行事にまつわる出費に辟易《へきえき》としながらも、慣習に従って暮らしている。そして、それは大人だけのことではない。

意外にも、もののコミュニケーションについて日本人は一〇代の頃から経験させられる。私の子供時代を振り返ってもすでに小学校中学年ぐらいから、誕生日になるとプレゼントのやりとりはあった。その一つ一つはハンカチやヘアピンなど安価なものだが、もらった相手の誕生日にはこちらもプレゼントを返すという暗黙の了解があった。しかも、誕生日プレゼントは仲のよい友達同士で揃って買いに行くのが慣《なら》わしだったため、たとえ小遣いが不足していても、値段の相場を踏み外して極端に安いものを買うこともできない。

中高生になるとプレゼントのやりとりはさらに増える。誰かが旅行に行けばお土産をもらい、自分も家族とどこかに行けば何かを買って帰る。

多くの日本人は子供の頃からのこんな体験を通して、もののやりとりが人間関係と切り離せないものだと認識していくのだ。

こんな話を聞いた。ロンドンのピカデリーサーカスにある自然派化粧品の店、ボディショップは夜一〇時頃まで開いているため、いつ訪れても大勢の観光客で賑わっている。夏、冬のセール期間中にはリップクリームやグリセリンの石けんが一〇〇〇円前後で買えるため、お土産として日本人にも人気が高い。ある時、この店の近くの旅行会社に勤めるイギリス人の友人が興味深いことを話していた。

「中学生ぐらいの日本の女の子達がメモを片手に買い物カゴいっぱい、石けんや化粧品を買うんだよ。付き添いの母親が『〇〇ちゃんの分はどうしたの』と言うとあわてて買い足す。しかも支払いは母親持ちだ。旅行のたびに子供の土産を全て買うのでは親の出費もバカにならない。おかしいじゃないか」

だが、子供が買おうとするお土産費用を負担することで、親は子供の友人関係を助けていると考える。そんな感覚はイギリス人には理解できないはずだ。

「お餞別《せんべつ》」と返礼の習慣

これに関連して、さらにイギリス人が理解できないことがある。「お餞別」の習慣だ。

日本の電気メーカーに勤める在日イギリス人が夏休みに帰省すると上司に報告したところ、ある日突然、ランチに誘われた。食事が終わると彼は部長からおもむろに封筒を手渡された。

「いつも頑張って仕事をしてくれる君のご両親にごあいさつをしたい」

部長はいつになく丁寧にそう言った。彼は見ず知らずの自分の親にわざわざ手紙を書いてよこした部長のやさしさに感激した。

ところが、帰省したイギリスの実家で両親にその封筒を手渡したところ、彼の両親は中を見てとても驚いた。中には手紙ではなくシワ一つない五〇ポンド札が五枚入っていたのだ。

彼はそこで初めて「両親へのあいさつ」とは金を渡すことだったと悟った。

何となく腑に落ちないまま帰国した彼は、出社してきた部長に「私の両親にあんな大金をいただきましてありがとうございました」とストレートに礼を述べた。お餞別の習慣などわからない彼は、もらった金の一部で土産を買って返礼することもなく、まさに言葉だけのあいさつだった。

何日経ってもこの部長が期待したイギリス土産は届くはずもなく、彼は部長の代理である次長から、「君は社会性に欠ける」と注意を受けるはめになった。これに困惑した彼は、相談した日本人の同僚からお餞別について説明を受け、初めて事の真相がわかったという。

「僕の両親は突然部長から大金を渡されて、僕が日本でおかしな仕事をしているのではないかと心配していた。しかも父親は現役のセールスマネージャーで経済力も社会的地位もある。本当に親のことを気遣ってくれるのなら、本物の手紙のほうがはるかによかった」

終始かみ合わないまま不快な結末を迎えてしまったこの出来事を通して、彼はとても消耗してしまったのだった。

お土産を買うための旅行

このイギリス人のような経験は、日本人の中にも数多くあるのではないか。迷った末に土産として贈ったものが喜ばれなかったり、安物だと見当外れなケチをつけられたりする。

また、初めての海外旅行だというのに、大半のショッピングはお餞別をもらった人達へのお土産を買うために使い果たし、疲労困憊《こんぱい》する。

私がよく利用するヴァージンアトランティック航空では「プレオーダー」と呼ばれる乗客へのサービスがある。これはイギリス行きの飛行機の中でカタログを見てお土産を決めておき、帰りの飛行機の中で受け取るというサービスだ。

高価なアルコール類などかさばるものは確かにこのサービスを利用したほうが便利である。だが、なぜそこまでして荷物を増やし、少し金を足せば日本国内でも買えるものを、長時間のフライトで疲れた体で持ち帰らねばならないのだろう。

成田空港に着いたら着いたで、買い忘れたお土産を補充するための各国のロゴ入りチョコレートを売る店まである。マカデミアンナッツのチョコレートなどは、今や首都圏のディスカウントストアで山積みになって売られている。

そんな矛盾を感じる時、いつも思い出す出来事がある。

思い出の詰まった贈り物

数年前のゴールデンウィークに、スコットランドの最西端、アイオナ島を訪れた。同行したイギリス人の友人達とアイオナ修道院やパリッシュ教会を見学しながら一時間で一周できる島を散歩した。その昔、アイルランドからこの島に渡った聖コロンバが、イギリス全土にキリスト教を伝えるきっかけになった聖地である。

私はこの島のギフトショップで何か記念になるものを買って帰らなければと思い始めていた。

何を選べばいいんだろうと思いつつ皆で南端の海岸を歩いていた時だ。

気がつくと同行した友人の母親が一人、輪から外れ腰をかがめて何かを探している。不思議に思い何を探しているのか尋ねる私に、彼女は純真な表情で拾ったものを見せてくれた。

それは象牙《ぞうげ》色に光る丸い小石だった。

「きれいでしょう。丸くなって、ツヤツヤした石がここにはたくさん落ちているのよ」

その言葉に足元を見てみると、乳白色、象牙色、マーブル模様、深緑色とまるで天然石のように美しい小石が見え隠れした。

彼女は拾った小石を持ち帰ってみんなにあげるのだと言っていた。残りはバスルームに飾ると。

「飾るんですか？」

「そうよ」

そんな言葉につられ、私達が彼女の真似《まね》をして小石を拾い始めると海辺で遊んでいた子供達もやって来た。私が集めた小石はねだられ、全て子供達にとられてしまった。

「とりすぎたら神様が怒るから、一〇個だけ持って帰る」

敬虔《けいけん》なクリスチャンらしい彼女の言葉に、友人達は一〇個を厳選するのに夢中になり、またたく間に海辺の時間は過ぎた。

翌週、私は東京に戻った。

それからしばらくして、東京の私の家にイギリスから小包が届いた。一緒にアイオナ島に行ったイギリス人の友人からだった。何だろうと箱の中の新聞紙の包みを開けてみると、そこには彼の母親があの時拾っていた丸い小石がわが家の家族三人分、三個入っていた。手にとって驚いた。それぞれの石にはマジックで目と口が描いてあったのだ。それはまるで雪だるまの顔のようだった。

私は彼女の言葉を思い出し、それぞれの小石をリビングの窓辺に並べた。

同封された友人からの手紙には、「母からことづかったイギリス土産です」と書いてあった。

「親友」「恋人」という肩書きの危うさ

友達に心を許せない若者

あるイベントで何人かの女子大生と行動をともにした。一緒に仕事をするうちに気を許してか、その中の一人が口ごもりながらも相談があると言ってきた。

「私は友達が五人しかいないんですけど、それって少ないと思いますか?」

真剣な彼女の眼差《まなざ》しを見つめながら、「またか」と思ったのも事実だ。というのもここ数年間、私は同じ質問を若い世代の人達から繰り返し向けられてきたからだ。

考えた末に私は彼女に言った。

「その五人の友達との関係によるんじゃないの。どんなことでも話し合える、信頼のおける友達が五人も身近にいるとしたら、それは五〇人の遊び仲間とつきあうよりすごいことだと思うわよ」

これを聞いて彼女は今ひとつ歯切れ悪く、「そう……ですかね」とつぶやいた。

彼女によると定期的に会って遊んだり、話したりはするものの、心の内側まで何でもさらけ出して話し合える友人はその五人の中には見当たらない。つまり、彼女もそのことには気づいていて、満足できない友人関係に人は実際どうしているのか、自分の対人感覚はズレているのか、私に尋ねることで確認したかったようだった。

若い世代の中には、自分に自信が持てないどころか自分のおかれている位置がこのままでいいのかどうか確かめる術さえ失っている人が多い。私自身、自分の過去を振り返っても、人の言葉を通して自分の存在を確認したいと思った時、親でも恋人でもなく身近な友達がその役目を果たしてくれたように思う。

だからこそ、自分の行動や決断に抑制をきかせることができたし、落ち込んだ場所から救い出されたりしたのだ。ところが社会の中で人との心の交流が薄くなっている現在は、客観的に自分を分析する手だてを人に求められなくなってきているのだ。

人間関係は数で競えない

昨今、心の交流、生身のやりとりが人間関係から抜けてきている。その理由の一つとして、携帯電話の発達は大きいのではないか。加えてEメールのやりとりが日常化した現在では、人間関係はいつもヴァーチャルな世界のようで真実味に欠けている。だからこそ前述の女子大生のように、友人の数で人の価値を判断する風潮も当たり前のように横行しているのだ。たとえ一〇〇人の友達がいるんですと豪語《ごうご》されてもその中身を詳しく尋ねていくと、ほとんどがあいさつ程度のメールのやりとりで成り立っている「メル友」であり、希薄な人間関係というケースも多い。

こんな現象はバブルの頃、異業種交流会で名刺を躍起になって交換しては「俺の人脈」といばり散らしていた若い起業家を思い起こさせる。いくら「人脈がある」と自慢しても、その大半は一度どこかのパーティーで会ったぐらいの関係で、実際につきあいのある関係ではないのだった。

プライドと見栄で人間関係の数をとり繕《つくろ》ってみても、中身は空っぽなのだ。そんな考えが今や若い世代にまで浸透しているのはどうしたことだろうと思う。

これと似た奇妙な現象がある。最近、子育て中の母親達と話をする時、やたらと自分の子供の友人関係を強調する人が増えたことだ。思うにここ一〇年間、その傾向はますます強くなってきているようだ。

たとえば、「うちの子の親友の○男くんは」と子供の友達に「肩書き」がつき始めたことは顕著な例だ。親の目から子供の友達を「クラスメイト」「普通の友達」「親友」ときっぱり選別する態度。話をするたびに「親友」「親友」という肩書きを連発する背景には、母親自身の対人関係コンプレックスがあるのではないかと思える。

そもそも小中学生といった成長期の子供達は、今日は黒でも明日は白がいいといった変幻自在な世界に生きている。今はこの子と遊ぶのが楽しいからと毎日ベッタリとつきあっていても、自分の成長度合いや興味の視点が他に移ればまたそこに新しい友達関係が芽生え、新しい充足感を見出すのが普通ではないか。

それなのに子供達の友人関係を親が意識的に分類していくのは、いつか子供の負担になるのではないかと思う。

ましてこの頃では小さい子供自身の口からも「親友」「恋人」といった言葉が飛び出してきて驚くことが多い。なぜ単に「仲がいい子」「好きな子」と言えないのだろうか。人間関係を記号のように簡単に肩書きに置き換えていく流れには、友情や愛情の重さが抜け落ちている。

気軽に出会って会話を楽しんで

そもそも、友人が「親友」「恋人」に昇格する時、そこには分かち合う信頼や愛情の度合いが圧倒的に他の人とは異なる人間関係の積み重ねが伴うべきではないか。そんな相手とめぐり合い、愛情や友情を育んでいくプロセスの重要性はすっ飛ばし、即席に肩書きをつけて安心するのは、人間関係はつくり上げるものという思想が抜け落ちているからだ。

こんなガラス細工のように幼稚な対人関係が露呈される背景には、日本の社会が人に対しますます閉鎖的になっている現実がある。

子供達は町に出ても他人との対話の楽しみを知らされず、友人関係には常に母親の注意がそそがれ、携帯電話に飛び込むメールの数を気にするうちに成人して社会に出ていく。そうなるとよほど当人が意識して努力しなければ、新しい人間関係を築くことは難しいということになる。

イギリスで友人を増やす最も一般的な方法として、ホームパーティーがある。週末になると自宅を開放した若い世代のパーティーには、知り合いの知り合いといった主催者とはおおよそ関係のない人々までが続々と集まり、人間関係に新しい風を吹き込む。

ある時、イギリス人のデザイナーが赤坂の自宅を開放して開いたパーティーに誘われた。二〇代から三〇代の大勢の在日外国人に混じって個性的な日本の若者も何人か来ていた。ドリンクを取りに行ったら、バッタリ知り合いの編集者に会い、「いったいどうしてここに」と言い合っているうちに、彼女の学生時代のクラスメイトまでが来ていることがわかった。

「昨日六本木のクラブで面白いイタリア人に名刺をもらって、このパーティーに必ず来るようにと誘われたの」

ところが彼女が名刺をもらったイタリア人の会社員と主催者であるイギリス人は全く面識がない。彼女に興味を抱いたイタリア男性がこのパーティーを知っていて、そこで再び会えればいいなと気軽に声をかけただけのことだった。

いつかイギリスで開かれたパーティーでは、神経質な銀行マンの主催者が便乗してやって来た見知らぬ人々に文句を言い始めたことがあった。だが、たいていは、人が大勢集まってお喋りをして楽しめればそれでいいとされる。

映画『ノッティングヒルの恋人』の中でも、妹の誕生会に主人公の男性が恋した女性をエスコートする場面がある。誕生会の席で丸テーブルを囲んで、主催者のカップルはハリウッド一の人気女優であるこのアメリカ人女性を歓待するのだ。

彼女は初めて知り合った普通のイギリス人らを前に、自分の欠点について語り始める。それに興味深く耳を傾けるシーンは印象的だ。映画の話であるにせよ、人と人が知り合い親交を深める時、そこでは肩書き抜きの相手の人間性を互いに尊重したり楽しむ態度が求められる。

また、心ひかれ合う二人はどんなに接近しても互いのことを「友達」と表現し、

「愛してる」という言葉も使わない。言葉に置き換えられない尊い関係だからこそ見える側に本物の愛情を感じさせる。愛や友情を数や肩書きで縛り始めることは、逆に言えば見えないものの価値を薄めていく結果につながるのだと思う。

自分をさらけ出すには努力が必要

日本に赴任してきたイギリス人ビジネスマンは、日本で暮らしていると自分も人に対してどんどん閉鎖的になっていくと言った。

「イギリスでは妻の友人は僕の友人になり、僕の人間関係の輪の中に彼女はいつも含まれていた。そこには夫婦揃って友達をシェアできる楽しみがあったんだ。僕らはパーティーで互いの友人を紹介し合いその結果、友人が倍々で増えていった。けれど日本でそれはとうてい不可能だ」

以前彼は小さなホームパーティーを企画した。日本人である妻の友達夫婦を二組招いて皆で仲良くなろうと考えたのだ。ところが招いた友人、つまり妻達のほうは早々に「伺います」と意思表示が出たのに対し、彼女達の夫の予定がいつまで経っても決まらない。

「あっ、ごめん、その日はうちの人ゴルフなの」「来月はずっと出張でダメ」「その日は接待で」と何度すり合わせても日程が定まらない。

何と日本の亭主族は忙しいのだろうと彼は半ばあきらめ気味で、それでも一年ごしで全員が揃うことになった。

やっとホームパーティーができると喜んだのもつかの間、テーブルについたそれぞれの夫は全く喋らない。お酒が入ると今度は夫抜きで女同士が輪になってペチャクチャ盛り上がった。残った亭主達は手持ちぶさたで時計を見たりあくびをしたり、早く帰りたそうなそぶりすら見せた。彼は何度か会話を試みたが、彼らが新しい友達をつくる興味などさらさらないことに気づきあきらめた。

「一年かけてホームパーティーをやったが、結局彼らは来たくなかったんだということに気づかされただけだった」

今では彼は妻が友達と食事に出かける時は、家で留守番するようになった。ロンドンでは夫婦連れだってというのが当たり前だったが、日本では互いに煙たい思いをするばかり。彼は今ではこれこそ日本式だと割り切っている。

ところがそんな暮らしを続けるうちに、彼の中に新たな不安が湧いてきた。友達が減ったのではないかという懸念が今では孤独感にすらなっているという。

「日本では強い意志と努力がなければ友人や知り合いが増えていかない。イギリスではことさら自分の人間関係について不安を持って考えたことなどなかった」

彼のつぶやきはとても重く心に響いた。

新しい人間関係ができにくい社会では、何とか今ある人間関係に執着し、維持しようとつとめる。その結果、希薄な関係であってもそこにいきなり肩書きをつけ、何とかつなぎとめようと立ち回らなければいけない。

本物の人間関係は時間をかけて育てるものだという発想がなければ、人づきあいをするたびに楽しさよりも孤独感が増していく。そんな感情がうずまく負の論理から抜け出すためにも、私達は自分をさらけ出した人づきあいにもっと寛容になるべきではないのか。

いつでも誰とでも会話できる国

知らない人と話すことは当たり前

ロンドンで一人地下鉄に乗っていると、ふいに隣に座った人から話しかけられることがある。一九歳で初めてイギリスに渡った時にはいきなり言葉をかけてくる見知らぬ相手に対して、何かたくらみがあるのではないかと強い警戒心を持ち身構えた。

ある時、ピカデリーに向かう地下鉄の中で労働者のような身なりの中年の男性が私の持っていたカメラを指さし、「ニコンは自分も欲しいが高すぎて買えない」と羨ましそうに言った。それだけで心臓は高鳴りカメラを持つ手に思わず力が入り、ひったくられてなるものかと警戒態勢に入った。だが、こちらの恐れなど意に介さず、その男性は今度は目の前に座っている婦人に向かってこう言った。

「でも、高価なカメラを買ったところで俺は撮るのが下手だからムダだな。いつもピンボケ写真ばかり手元に残るんだ。ハッハッハッ」

ちらりとその老婦人を見ると、彼女はシニカルな笑みを浮かべている。

やはりこの男性はどこかおかしいんだろうとさらに私はカメラとバッグを強く握りしめた。その老婦人はきれいに口紅を塗った口元をほんの少し動かしゆっくり喋り出した。

「私、カメラは日本製しか使わないわ。下手でもきれいに撮れるもの。あなた、そのカメラは日本で買ったの？」

何と彼女の問いかけは再び私に向かってきたのだ。いや、隣の男性やこの老婦人だけでなく、気がつくと私の周りに座っていた見知らぬ乗客は全員この会話に加わるべく身を乗り出して、私の顔とカメラを見つめていたのだ。

その後、同じような体験を繰り返すうちにイギリスでは見知らぬ人との対話が自然に発生するのだということを知った。

とはいえ、「知らない人と口をきいたら人さらいにつれて行かれるよ」と子供の頃、親や先生からたたき込まれた生活習慣はイギリスにいても簡単には変えられない。だが、その一方で、見知らぬ人同士で言葉を交わす様子を見ているとなぜかこちらも安堵し、楽しい気持ちになれるのも事実だった。

会話のない地下鉄は〝退屈〟

こんなこともあった。

東京に暮らすイギリス人数名と食事をした時のことだ。待ち合わせをしていた荻窪駅に皆が自転車に乗ってやって来た。聞けば彼らは電車通勤をやめて自転車で勤務先に通い始めたという。それ以来、移動手段は常に自転車だけにしているそうだ。その中の一人がこんなことを言った。

「日本の地下鉄は退屈なんだ。人に話しかけるとギョッとされる。僕が隣の男性に『この電車、冷房がききすぎてますね』と日本語で話しかけた時も、とても奇異な目で見られた。あとは無視。しかも周りに立っていた人達まで僕を避けるように別の車両に移っていった。イギリスの、特に地方では電車に乗ると退屈だから会話が始まる。ところが日本では、寝てるかメールを打ってるか、本を読むかだけ。しかも電車は超満員。だから僕は電車に乗るのをやめた。自転車なら交通費も浮く。外の景色を見ながら走れるから退屈しない。そのうえ、何かの事故で車内に閉じこめられて遅刻することもない」

彼らは私の知るイギリス人の中でもかなりの親日家だ。みな日本語は堪能である。だからこそ彼らは、イギリス式に見知らぬ人とも言葉を交わしたいのだろう。その気持ちはよくわかる。

今から約二〇年前、日本に暮らす多くの外国人達は、町を歩くたびに日本人から「スシは食べたか。日本語はできるか」と同じような質問をあちこちで繰り返され、うんざりすると言っていた。

その一方でかつて私の恋人だったイギリス人の男性は、そんな日本人との出会いを決してムダにしなかった。毎回会うたびに「今日はこんな人と知り合った」と私に名刺を見せるのだが、そのほとんどは偶然電車に乗り合わせたり、昼食時に隣に座っただけの見ず知らずの人だった。彼も日本には底知れぬ興味を持っていたので「スシは好きか」の質問を逆手にとって、あらゆる生活情報をかき集めていた。美味しい豆腐屋から格安でベーキング・ソーダを分けてくれる菓子工場まで、情報源は全て偶然知り合った人々から出たものだった。

対話を避けたがる日本人社会

しかし、こんなエピソードも今では過去の話となりつつある。

先日新聞を読んでいたら、東京で暮らす外国人の投書が載っていた。彼や彼の友人が電車に乗ると周りは必ず空いているのだそうだ。ちなみに彼はアメリカ人。彼の周囲の外国人は皆電車に乗るたびに「何で私の隣に誰も座らないの?」という素朴な疑問を抱いているという。

今でも田舎に行けば外国人は人気者。けれど都会では、外国人に対して人々は基本的に無関心なのだ。

今や多くの日本人は、外国人も含めた見知らぬ他人をうとましく思い、面倒だと感じる。そんな心理の裏側には、気軽にあいさつしたり言葉をかけ合う光景が日本から消えてしまった現実がある。皆が口を閉ざして神経質に生きる世の中では、見知らぬ人と対話するリスクが取りざたされている。その結果、日本には警戒心の強い、他人を受け入れない、いびつな社会が出来上がってしまった。

特定の人とのみ時間や金をかけて交際し、その他大勢の人の中にひそむ面白さや可能性を切り捨てて生きていることの損失は計り知れないのに。

考えてみると人との会話は金のかからない、いつでも、どこでも相手がいれば成立する奥の深い楽しみなのだ。見知らぬ人の一言で「今日も頑張ろう」と思えたり、「あんなあいさつの仕方もスマートだな」と学んだりできる。

口を閉ざす若者達

長崎で育った私は一八歳で上京した時、駅の改札で切符を切る駅員が無表情で一言もあいさつをしないことにとても驚いた。新宿駅などターミナル駅の改札でずらりと並んだ駅員の姿は、まるでロボットのようだと思った。

東京育ちの友人達になぜあの人達は何も言わないのかと聞いたところ、彼らはあきれながら私に向かって言った。

「いったい何を話すの。駅員は毎日大勢の人間を相手にしてるのに、イチイチ喋ってたら身が持たないよ」

その時は長崎と東京の人口は確かに違うし、通行する人に笑いかけたり、「ハイどうぞ」などと言って切符を渡すのは不可能なことなのだろうと思った。けれどあれから二〇年以上経った今、日本は駅員どころか一般の人たちまでますますかたくなに口を閉ざしている。

たとえば、荷物をかかえてヨロヨロしながら電車に乗り込んでくる高齢者に対し、若い男性が素早く席を譲る光景をよく見かける。それは見事だと思う。しかし、高齢者の方は席に座ってからもすっかり恐縮し、「すいませんねえ。ありがとうございます」とか「よかったらお荷物持ちましょうか」と席をかわってくれた男性に話しかけるが、彼らの多くは何も答えず、ただ手を振ってゼスチャーで「結構です」と示す。

大勢の前で「ありがとう」と言われるから照れもあるのかもしれないが、ハタから見ているといかにも幼稚な対応だ。声をかけた高齢者のほうではなす術《すべ》もなく小さくなって座っている。

彼らに比べると中高年の女性達は席を譲ったあともさすがに年季の入った物腰で、「いいんですよ。私は次の駅で降りますから」とか「この荷物は軽いから心配なさらないでください」ときちんと言葉を返している。

世代によってこれほどの対応の差が出る様子を見るにつけ、日本人独特の温情に満ちた互助精神は次世代に引き継がれないままになってしまったのかと思う。

人前で自己表現ができないのは幼稚なだけ

東京で開かれた外国人も出席する懇談会に出た時のことだ。二〇人ぐらいの集まりの中、五〇代の会社役員が秘書に寄り添うように座っていたが、指名されたスピーチも「遠慮しとくよ」と断り、最後の最後まで集まった人達と一言も会話をすることがなかった。終始普通の顔で黙って料理をつついたりビールを飲んだりしていただけで、他の人が何か話しかけても相槌《あいづち》を打つだけ。

私とともにそこに出席したイギリス人の男性は、会が終わって会場を出るなり憤慨《ふんがい》した口調で怒り始めた。

「あの男性はなぜ何も言わないんだ。今日の懇談会では彼も実行委員なのに、周囲に座った人達にすら話しかけてない。あんな態度は参加者に対してとても失礼だ」

私は怒る彼をなだめるように言った。

「でも彼は、いつもそうするように黙って人の話に耳を傾けていただけで、きっとあれが普通なのよ」

すると彼は、君は間違っているとさらに声を荒《あ》らげて言った。

「五〇代の立派な大人が、なぜ発言しないんだ。あれではこちらも彼の考えがわからない。互いに言葉を交わさないのなら懇談会に出席する意味などないじゃないか」

彼は、黙っているということはイギリスでは相手を拒絶することだと言った。怒りのおさまらない彼は、最低のマナーだとその会社役員を批判し、あれが普通だと考えるのならもう二度と彼とはつきあわないとまで言った。

以前、ある作家と結婚について話をした時、氏が「無口な男とは絶対結婚してはならん」と断言されたことを思い出した。イギリス暮らしも経験された、枠にとらわれない独自の生き方を貫く氏は、こうつけ加えた。

「無口というのは自分がないだけのわがままで幼稚な証拠だ。生きていく中で自分の考えすら語れないような男と結婚しても、決して生活は成り立たない。無口な男を絶賛する若い女性にそう言ってやりたい」

そんな氏の言葉とあの懇談会の光景が重なって見えた。

もの言わぬ人々が生きる社会では、自己表現すること自体が否定的にとられ、逆にバランスを崩す者も出てくる。会話が人とかかわる原点だと認識できないと、無口をきめ込むか暴言を吐くしか道がなくなる。

「日本はこんな極端な人々がますます増えていくのではないか」

ある精神科医の投書を新聞で見た時に、私も同感だと思った。

人と人がかかわるということ

二五歳で離婚した私は一歳半の娘を連れて渡英した。金のゆとりなど全くなかった時期に出版社から海外取材の仕事をとりつけ、何とかそれをきっかけに人生をやり直そうと考えていた時でもあった。

日曜日、ベビーカーを押してカムデンタウンのマーケットに行くと、数多い屋台《ストール》の中で中古の子供服を売っている店を見つけた。娘に似合いそうな木綿の紫色のワンピースが三ポンド（約六〇〇円）で売っているのを見つけ、迷った末に買った。ところどころほつれてはいたが洗濯してアイロンをかければ、一歳半の娘が充分着られる小さなエプロンドレスだった。

それでも自分を卑下《ひげ》する思いもあり、店番をしていた若いイギリス人男性に遠慮がちに三ポンドを渡した。彼はスキンヘッドで鼻と耳に数え切れないほどピアスをはめ、肩に蛇《へび》の入《い》れ墨《ずみ》をしていた。

私はその風貌《ふうぼう》に恐れをなし、さっさと退散しようと思った、その時だ。彼はしゃがみ込んでそのエプロンドレスをベビーカーに乗った娘に差し出した。娘がニッコリ笑うと、彼はこぼれるような笑顔で言った。

「よかったね！　ママは君のためにこんなすてきなドレスを見つけてくれたんだよ。これを着たら君はきっとすてきな女の子になれるよ！」

私は息をのんだ。イギリスに来ても特売の古着しか娘に買ってやれないという淋しさが彼の言葉によってぬぐい去られ、以後、たった三ポンドのそのドレスはかけがえのない一着となった。

その時、パンク青年が大人の私にではなく、娘の手をとって語りかけてくれた態度は生涯忘れることができない。あの時の彼と娘、それぞれ二人の笑顔は今も脳裏に焼きついている。

見知らぬ人との出会いや会話が、時には人の人生すら変えてしまう。

一方日本では、私達は一歩家の外に出たら他人と口をきくことを極力避けようとする。そればかりか電車の中や駅のホーム、町中で体がぶつかったり荷物が当たったりしても二人に一人は殺気立ち、当たった相手が悪ければ殺傷事件にさえ発展する。

こんな最近の日本の気風や状況は、見えない垣根《かきね》となって私達の前に立ちはだかっている。「無口」「シャイ」と言われる私達は、そもそもは互助精神旺盛な人情国家の住人でもあったはずだ。

だからこそもう一度垣根をとり払い、人と自由に言葉を交わせる面白い社会を再建する道はないものだろうかと思う。

第4章

身近な暮らしの中の非日常を大切に

何もなくても心地よいもてなし方

人を招くのに感じる負担

毎年暮れが近づくと、一万円均一の布団セットや折り畳みベッドを掲載した新聞折り込みのチラシが急増する。「年内配送ＯＫ」「不意のお客様にも安心」といったコピーを読むと、家に人を招くため、万全の準備を整える日本ならではの販売戦略だと思える。

完璧な寝具と客間。客人をもてなすためのごちそう。全てが揃わないまま、人を家に招くことは無礼で不快感すら伴う。

その結果、めったに人の訪れない客間やリビングルームの確保に躍起になり、その部屋は無意味なオプションとなっていく。

ありのままの姿で人を招くことができない私達は、人をもてなすことに負担すら感じているのだ。

イギリス家庭の豊かなもてなし

ある時、私と娘はイギリス人の友人の実家であるデボン州の古い農家《ファームハウス》にしばらく滞在する機会に恵まれた。

とても素晴らしい農家だと聞いて胸を躍らせ訪ねてみたが、到着するなりそのあまりに質素なたたずまいに面食らった。三〇〇年以上も経つ、映画のセットのような石造りの農家。その母屋は外壁の所々に土がこびりつき雑草が生えていた。牧草地には牛が寝そべって、数匹の賢そうな犬が広い草原を走り回っていた。

友人の母親である太ったおかみさんは、肺の病気をかかえていたためゼイゼイ言いながらも、テーブル以外何もないキッチンでいつもせわしなく働いていた。床のあちこちは日曜大工で張ったと思われる色の違う床材がつぎはぎになっていた。ガイドブックで見るカントリーハウスなどとはほど遠い、貧相とも思える住まいがそこにはあった。

その農家は夕食時になると、作業を終えた息子と妻、そして子供達が使用人とともにドヤドヤと台所にやって来る。おかみさんはゆでたマッシュポテトをどっさり大皿に盛り、もう一つの大皿にはローストしたチキンやラムなどの肉料理を山盛りにしてテーブルの中央に出す。おかみさんが忙しい時には市場で買ってきたハムがそのまま出されることもあった。

テーブルの隅には薄切りの食パンが、これも山ほど用意されている。

食事が始まると子供達はいっせいにテーブルの中央めがけ手をのばす。皆の食欲に私と娘はいつも出足が遅れ、おかみさんに「さっさと食べないと食いそこなうよ」と笑われ、毎回料理を取り分けてもらうはめになった。

夕食は今日一日の出来事を皆がてんでんばらばら話すため、それに相槌を打っていると、結局食べるのが遅くなる。

子供達は食事が終わったらテレビを観にリビングにすっ飛んで行くため、娘と私はアタフタしながら皿に残った料理をほおばる。

そんな私達の様子を見て、ゼイゼイ言いながらもおかみさんは「あわてないで」と見守ってくれる。

ある晩、「いいものがあるんだよ」と冷蔵庫からラップに包んだガラスの大皿を出してきた。その皿を見るなり私達は思わず感嘆《かんたん》の声を上げた。

色とりどりのフルーツとゼリーにカスタードと生クリームがかけられ、フルーツの合間からはスポンジケーキがのぞいている。

冷たく冷えたそのデザートは、イギリスの家庭でよくつくられる「トライフル」だった。

「昼間つくった残りが二人分あるから、皆が戻ってくる前に食べなさい」

おかみさんはスプーンを二本差し出し、私達は夢中でそのデザートを食べた。

気配に気づいたのか子供達がガヤガヤとキッチンに戻ってきて、「おばあちゃん、デザートが欲しい」と騒ぎ始めた。すると彼女はキャビネットの中から大きなブリキの缶をとり出し、皆をテーブルに座らせると一人一人にその缶を開けて中をのぞかせ、

「二つずつとっていいよ」

と中身を選ばせた。その缶の中には彼女がつくったショートブレッド、ブラウニ

ー、ヌガー、ジンジャークッキーが入っていた。聞けば週一回のベーキングデーに、おかみさんはあらゆる種類の焼き菓子をまとめて焼くのだという。それを缶に入れて一週間分保存しておく。騒がしかった子供達は席につき、夢中で手づくりの焼き菓子をほおばっていた。

今思い返しても、毎日が満ち足りた夕べだった。

家がつくる家族の幸せ

その家のリビングには古いピアノが一台あり、夕食の片づけが終わるとおかみさんはピアノを弾き、子供達はそれに合わせて讃美歌を歌っていた。聞けばもうすぐ村で結婚式があり、そこで披露する歌を練習しているのだとか。子供達はふざけてなかなかきちんと歌おうとしないが、おかみさんはゼイゼイ言いながら彼らをなだめ、息子夫婦はそんな子供達の様子をチラチラ見ながらテレビドラマを楽しんでいた。

幸せな家族を絵に描いたような一家だったが、息子の話では、農場経営がうまくいかず借金返済のために妻や成人した子供二人は町まで勤めに行っているとのことだった。

「この農家を売ってしまえば苦労もないけど、ここがなくなったら僕らの人生は消えてしまう。たとえ貧しい毎日でも、どんなことがあってもここは手放さないよ」

私と同世代の彼が語った言葉は、ことのほか重く私に響いた。

私達の泊まっていた部屋は、さらに年季を感じさせた。二階に続く階段は狭く、床は傾き、小さな窓は風が吹くたびにカタカタと音がした。

毎朝おかみさんはそんな私達の部屋に砂糖のたっぷり入ったミルクティーとビスケットを運んできては、小さな窓から見える外の景色に目を見張り、「Beautiful morning, isn't it?——何て素晴らしい朝なんでしょう！」と素晴らしい一日の始まりに感嘆し、私に同意を求めた。

彼らはあるがままの日常生活の中で客を受け入れ、家族の中で育った習慣や文化を示してくれた。

私は彼らと一緒に過ごすうちに、バブル経済の余波を受けて知らぬうちにピントのずれた自分の感覚が修整されていくような気がした。

ちなみに、この農家は日本円で約五〇〇〇万円だと息子に教えられた。この朽ち果てた農家にそんな高値がついているとは驚いた。日本でいえばさしずめ地方の町外れの廃屋のような農家である。それが都市部の住宅と同様の値がつくとは考えがたい。しかし、イギリスでは田園地方に建つ古い農家《ファームハウス》は人々の憧れとなっており、今なお希少《きしよう》物件として価格も上昇傾向にある。

そんな中、この古い農家は、この一家にとって資産価値としてではなく、生き甲斐になっているという事実。この農家を中心に一家の人生は構築されている。彼らの幸せは、物件価格や社会情勢とは関係のないところでつくられている。そんな価値観が訪れた客を魅了する。

無理しないことがもてなしの基本

私はこんな暮らし方、もてなし方を自分の暮らしの中にとり入れたいと真剣に考えるようになった。

その後も、多くのイギリス人の家庭を訪問し滞在したが、彼らの客人をもてなす歓待の態度には、無理なアレンジは含まれていなかった。

スペアベッドのない家では家人のスリーピングバッグを渡され床に寝たこともあったし、夕食に、缶入りのトマトスープを温めてパンと一緒に出してくれた家もあった。

それだからといって彼らは悪びれることもなく、こちらも親戚の家にいるような気楽さがあった。人を招きもてなすことは、立派な客間に寝かせることでも、ごちそうを食べさせることでもない。

やがてそんな考えをつないでいくと、一本のスッキリした線が浮かんできたのだった。

ギフトカードの使い分けで感動を贈る

小さな気遣いが伝わる文化

月刊『ミスター・パートナー』で長年お世話になったアメリカ最大手のカードメーカー「ホールマーク」の日本代理店の方々とお会いした時のことだ。彼らは日本にパーティー文化を定着させるにはどうしたらいいか悩んでいた。欧米社会で普及しているペーパーウェアやカードをもっと日本人にも使ってもらいたいが、そのきっかけが見つからないと言うのだ。担当者の悩みはこうだ。

「日本ではアメリカ人のデザイナーが考案したきれいな柄のペーパーウェアよりも、量販店の安価な白い紙コップや紙皿のほうが圧倒的に売れる。まして、カードは誕生日、冠婚葬祭のプレゼントの添えものとして使うだけ。日本人は接待交際費を湯水のように使うけど、暮らしの中で人づきあいをバージョンアップさせるこんな小物に金をかけることをしない」

この会社ではホームパーティーのノウハウを伝授する教室やセミナーを企画していたが、それは特定の海外生活体験者のみに反響があるように見えた。

ほんの小さな気遣いでかかわった相手が幸せを感じる生活術のようなものが、今、急速に日本から薄らいできている気がする。衣・食・住はますますセンスアップされているのに、暮らしがなぜか味けないのだ。

クリスマスを挟んだ年末年始を毎年イギリスで過ごす私は、一二月二四日のクリスマスイブの日から三日間は、休息もかねてロンドンを離れ、田舎の名もないB&Bに泊まり、イギリスの牧歌的な風情を楽しむ。

そんな田舎のB&Bではこの時期、宿泊客に向けたクリスマスカードが各部屋に置いてある。一見《いちげん》の泊まり客に対し、宿の主は家族全員の名前をサインしたカードを部屋に用意して客を迎えるのだ。

心のこもったクリスマスカード

ウェールズにある古書で有名な町、ヘイ・オン・ワイ。その外れに建つB&Bを訪れた時のことだ。このB&Bは、ヴィクトリアンの豪華な一軒家だった。

その宿では、主人が霜《しも》の降りた白銀のわが家を撮影した写真でクリスマスカードをつくっていた。美しいつららが庭木から垂れ下がり、そこに朝日が差し込んで建物が幻想的に浮かび上がるさまが実に感動的だった。私は、このカードを一目見て、高名なイギリス人の画家の作品だろうと思っていたから、主人が自ら撮った写真だと聞かされ、とても驚いた。

彼はクリスマスの朝、目を覚ますと、写真を撮った場所を教えてやると私を散歩に誘ってくれた。私達二人はまだ陽の昇りきらぬ霧に包まれた庭を横切り、その先端の家の全景が見える場所まで凍った土をサクサクと踏みしめ歩いた。

「霜が降りて晴れた冬の朝、太陽が昇り始める直前のわずか一〇分間がシャッターチャンスだった」と、彼は撮影した日を振り返って言った。

「このカードの撮影に一週間費やしたよ。クリスマスにはここからわが家を眺めた時の感動をカードに託して、方々に送ろうと思ったんだ。作品のモチーフにできるほど美しい家に暮らせることは誇りだからね」

満足そうに説明する主《ぬし》のはるか前方には、ツタの絡《から》みついた彼の家が威風堂々と朝日を受けて輝いていた。

カードに関してもう一つ、忘れられない思い出がある。クリスマスイブに到着したヨークのB&Bでは、クローゼットの上に花をあしらったブルーの薄紙できれいにラッピングされた小箱が、カードと一緒に置いてあった。小箱を開けると中には小さなスノーミントが入っていた。

クリスマスカードにはやはり家族全員の名前が書いてあり、短いメッセージが書き込まれていた。

「わが家でよきクリスマスが過ごせますように」

階下であいさつをしたこの家の主である老夫婦の姿が目に浮かんだ。

宿泊客のためにプレゼントをラッピングし、カードを用意する彼らの行為は、顧客サービスというより、この家族流のもてなし方なのだと思った。自分たちの家庭を開放し宿泊客を受け入れるB&Bの楽しさは、その家の生活習慣を分かち合えるところにこそある。たったカード一枚でこれほど満ち足りるのは、彼らの行動がビジネスとは切り離されているからだ。

カードで送る旅の報告

以前、短いスコットランドのツアーで、あるイギリス人の老婦人と知り合った。彼女はいつも赤やピンクといった鮮やかな色のジャケットを羽織り、手にも真っ赤なハンドバッグを持ち歩く、おしゃれな女性だった。

一人旅だった私は、いつしか彼女と行動をともにするようになった。

この老婦人は長年、公立小学校の教師をしていたというだけあって、観光名所やティールームを訪れるたびにわかりやすい英語で、私にあれこれガイドのようにその建物や施設の説明をしてくれた。興味深かったのが、訪れた場所を立ち去るたびに彼女は、いつも係の人に「無料のポストカードはないですか?」と尋ねては何枚もそれを貰ってバッグにしまっていたことだ。

夕方、ホテルに戻ると彼女はラウンジに腰を下ろし、昼間集めたタダのポストカードを楽しそうに眺めては、せっせと知り合いに何かを書いてそれを送っていた。彼女の書くメッセージは一行、長くても二行ほどで、

「To every bird, his own nest is best. ――どの鳥も自分の巣が一番いいのよ」

など思いついた言葉を書くのみだった。そんなポストカードを毎日五枚ずつ誰かに向けて出し続ける彼女のカバンには、常に切手が入っていた。

「みんな楽しみにしてるのよ。私からの便りを！」

老婦人は、隙間なくびっしりと名前や住所が書き込まれた古いアドレス帳を私に見せては、いつも得意げに笑っていた。そんな彼女の習慣を見ていると、電車に乗れば二人に一人は携帯電話のメールにいそしむ日本ではカードやハガキのやりとりなどいつか必要なくなってしまうのだろうかと思えてくる。

手書きのカードのあたたかさ

そういえば、こんな話を思い出した。日本に宣教師としてやって来たイギリス人の牧師は、Eメールを電報のようだと言った。

「用件のみを簡略に迅速に送るEメールには、人の感情が投影されにくい。どんなに言葉を並べても、肉筆の手紙にかなうわけがない」

そう語る彼は、時々私の家のポストにも、美しい詩や風景画、聖句の綴《つづ》られた絵ハガキを投函してくれる。そこにはこんな走り書きがしてある。

「たまたま近くを通りかかりました。お元気ですか？　今週もよい仕事をしてくださ い。ご家族の方にもよろしく」

牧師のハガキをポストの中で見つけた時はとても嬉しくなり、文章の書いてある側を見ないように、着替えなどを済ませゆっくりしてから、しみじみと読み始める。短いメッセージを三回ほど読み、ハガキに描かれている絵を眺めた後、もらったハガキはしばらく部屋に飾っておく。

こんなふうにたった数行のメッセージが、案外、深く人を満足させることを私達は見落としているのではないか。今や日本でも飛行機の中からファーストフード店にいたるまで、無料ポストカードはそこら中で配布されている。ともに旅をしたイギリスの老婦人がこんな光景を見たら、夢中でコレクションするだろう。

チラシ同様に扱われているこれらのポストカードに、わずか切手代五〇円を加えれば、私達の人間関係は確実に親密さを増す。

人づきあい、人間関係を維持し、育てることに困難を感じる人が多い現代で、こんな小さな習慣こそ見直されるべきではないか。

学校教育以前の子供とのかかわり

教育をめぐる親の悩み

日本では少子化や金融不安も手伝って、これまで聖域とされていた教育費を各家庭が削減し始めたと報じられている。

幼稚園から高校まで公立に通った場合、給食費・授業料を含めた学習費が一四年間で五一五万円といわれている中で、最も支出の多い中学在学中には、年間一四万七〇〇〇円の塾費用も含めた学習費を、各家庭が捻出《ねんしゅつ》しているのだ。

学校教育がますます荒廃《こうはい》していく中で、塾も含めたプライベート学習に対する需要は高まっているが、思うように教育費が出せない状況は、親の新たなストレスを生んでいる。隣の韓国では親が借金してまで子供の教育費を捻出するケースが続出しているようで、これはアジアの親が抱える共通の悩みなのではないかと思える。

私も身近な人から、塾や私学転入の相談を持ちかけられるたびに、家計費を切りつめて子供に個別教育を受けさせる以外に何か方法はないものかと考えてきた。

都内の高校生に英語を教えるイギリス人教師と会った時のことだ。彼は通勤途中に見かける大手塾の広告内容の意味がわからず私に説明を求めてきた。

「僕が見たのは、『大学生になっても行きたい塾』というキャッチフレーズだが、あれは何を言わんとしているのか」

彼は日本に来てまだ一年と経たないので、日本の子供達は大学生になっても何か特別な試験に合格するため塾通いを続ける、というように読みとっていたらしい。

私が、「希望する大学に受かってからも辞められないほど素晴らしい塾だという比《ひ》喩《ゆ》表現だ」と答えると、彼は首を振って「日本の親は不況の中で大変だな。そのうちサラリーマンになっても行きたい塾も出てくるんじゃないか」と言った。

「お受験」という言葉があるが、名門校をめざす親と同じかそれ以上に多いのが、安全無害な教育環境に子供をゆだねたいとする親の希望だ。それぞれの話を聞いていると、公立校への不信や不安から、エスカレーター式で競争が少なく友達も先生も温厚なイメージのする私学に子供を入学させたいと真剣に考えているようだ。

私もその心情はよくわかる。日本の親の全てがわが子を追い立てて、超一流といわれる名門校に何が何でも合格させたいと考えているわけでは決してない。

むしろ今、日本の社会のあちこちに歪みが出ているからこそ、わが子にだけは受験や人間関係でプレッシャーの少ない安定した学生時代を送ってほしいと願う親のほうが多いような気がする。だからこそ早い時期にエスカレーター式の学校を受験させて、高校、大学受験の荒波からわが子を守ろうと考えるのだ。

このところ中高生の海外留学が増えているのは、こんな背景があるからだ。年頃の子を持つ親の中にはイギリスのフリースクールなど学力より個性重視の学校をめざすケースも増えている。

留学が万能策でない理由

ところがこの留学にも落とし穴がある。留学を希望するほとんどの親子は、日本式の型にはまった教育より、アメリカやオーストラリアなど欧米の学校のほうが国際的な教育が受けられ、のびのびと勉強できるはずだと考え、充分な準備もないまま出発する。ところが、いきなりの英語生活や異文化の中での人間関係に多くの子供達は挫折するのだ。

中高生の欧米の学校への留学を斡旋《あっせん》する日本代理店の担当者と話をした時のことだ。彼は心底困り果てていた。

「現地に生徒を一〇人送ると、七人までが現地校に適応できず、現地スタッフは学校やホームステイ先を走り回ることになる。留学する子の大半は海外の学校に行きたいからではなく、日本の学校が嫌だから外国に行くという動機で留学を決める」

彼らは自由で楽しそうなイメージだけを抱いて、英語の勉強もそこそこに海外に飛び出していくのだ。また親の中には日本の三流校に進学させるのであれば、レベルのわからない欧米の学校に留学させ、ついでに英会話を覚えてきてくれればいいと安直に考えるむきもある。そうした子供達は家庭でのしつけというものがなされていないし、他人との会話の習慣もないからホームステイ先を何度変えても折り合わず、最後はノイローゼになって帰国する。今、こんなケースがとても増えているため、中高生の留学はリスクも高いと言われている。この傾向は期間限定の短期留学より高校生活全てを現地で送るなど長期にわたる留学に顕著である。

またこの担当者によると、留学を熱心にすすめる親の中には、子供を今の友人関係から引き離すためという動機も多いそうだ。いじめから非行に至るまで、今のままでは子供に実害が出るから緊急避難場所として海外の中学、高校を選ぶのだという。

いつまでも社会に出られない

以前、私も日本の中高生が多く留学するというアメリカの学校を視察に行ったことがある。現地では多くの子供達が明るくのびのびと行動している半面、何か異質な雰囲気を感じた。妙にやつれた、関西弁を話す女の子が二人で学校の廊下でジュースを飲んでいたのが気になった。二人ともプラチナブロンドに脱色した髪をだるそうにかき上げながら、「うち、かったるい」「やってられへん」を連発していた。

前出の担当者によると、目的が明確に定まらないまま留学した子供達は、現地校でも日本人同士グループになって二四時間、朝から晩まで、その国の人の入る余地もないほど行動をともにする。だから英語を覚えるはずだったのに、帰国するたびに九州弁や関西弁が堪能になっていくという笑い話のようなケースも目立つ。

付けまつ毛をして目をしばたかせている彼女達を見た時、そんな話を思い出していた。

聞けば彼女達は二一歳ということだった。高校を中退し、何となくアメリカの高校に編入してみたものの、途中休学してハワイに行ったり日本に帰国したりして、まだ卒業できずにいるという。

彼女達の留学費用を支え続ける両親の負担は計り知れない。二人の様子を見る限り、学生を辞めて働き始めるべきだと思ったが、本人も両親もなぜか卒業にこだわっているそうだ。

こんなケースを見ていくと、私達が留学に期待する経験、語学力、自立心はこれだけのリスクを負わなくても本来は家庭の中で身につけていくことができるのではないかと思う。

いや、留学に限らず、子供に豊かな教育を与えたいと考える時、その大半は家庭の中で補えるものだと思うのだ。

子供は親と一緒が基本

娘がまだ小学生だった頃、頻繁に取材で日本とイギリスを行き来した時期があった。そのうち、たびたび娘を同行させては学校を長期欠席させることになるため、彼女一人を日本に残して単身でイギリスに渡った。まだ私が再婚する前だったので、ベビーシッターに預けてのことだった。そのことを知った何人かのイギリス人は、「なぜ娘と一緒に来なかったのか」と口々に私に詰め寄った。

「小学校の授業があるから」と私が答えると、彼らは一様にこう言った。

「小学生の勉強ぐらいあなたが教えられるはずよ。イギリス人なら家庭学習に切り替えてでも子供を連れて来るわよ」

ロンドン在住の、夫が銀行員で妻は広告代理店に勤めるワーキングカップルである二人からも同じことを言われた。彼らは休暇をとる際、必ず二人の子供を連れて行く。旅行が長期にわたる場合は、学校の先生と打ち合わせをして、復学してもおくれをとらないよう旅先で親が勉強を教えるという。

子供達は最も安心できる環境の中で、親とともに学校では勉強できないことを学んでいく。たいていこの夫婦は、スコットランドやウェールズの自然の中で二週間前後の滞在型の旅をする。Self Catering と呼ばれるバンガローや農家のコテージを借り切り、近くの海に遊びに行ったり、山歩きを楽しんだりするのだ。料理も近くの村のマーケットや農家から新鮮な野菜や卵を調達し、皆でつくって食べる。

約一週間の滞在で、時期によっては家族全員で五万円にも満たないこうした格安の宿泊施設が、イギリス全土に数多く残っているのも、金をかけずにホリデーを実現できる土壌になっている。

留学と同じく経験は重要だという見地から考えると、両親と共有する遊びや旅こそは、子供にとって〝教育〟という言葉ではくくれないほどの意味を成すのではないか。

「みんな一緒が最高だろう？」

こんなことがあった。一二月二五日のクリスマスの日のことだ。一二時から始まるクリスマスランチをイヤーランドという村のパブで堪能した私は、夕方、陽が暮れかけた頃、隣の村まで出かける用事を思い出した。凍えるように寒い夜で、さっさと行って戻って来ようと思った。そこで私は県道を使わず、村と村を分かつ森の中の小径をドライブして突っ切ることにした。

森は鬱蒼《うっそう》とした木々が生《お》い茂り、曲がりくねって見通しは悪い。早くこの中を通り抜けたいと思っていたところ、前方からゾロゾロと家族連れが歩いてきた。手をつないで歩く夫婦や、父親と母親の真ん中ではしゃぎながら飛び跳ねる子供など、森を走るほど小径を歩く家族の数は増えていった。

不思議に思った私は、犬を連れて通りかかった一人の男性に、何かこの先でイベントか野外コンサートでも開かれているのかと尋ねた。男性は私の質問の趣旨がわからないという顔をして、「どうしてそんなことを聞くんだ」と言ってきた。

「だって、陽も暮れた森の中をこんなに家族連れがゾロゾロと歩いているんですよ。どうしたんだろうと思いますよ」

するとと彼はニヤリと笑った。

「家族で散歩しているんだよ」

「こんな暗い森をですか？」

「そう。みんなクリスマスランチを食べてお腹いっぱいになって、プレゼントももらって最高に幸せな気分で自然を楽しんでるのさ」

彼は私の前を通り過ぎる父親と娘を指さした。

父親は森の開けた場所から遥か向こうにシルエットだけが見える教会の塔を指さして、

「あそこで、サンタクロースは休んでるかもしれないね」

と、白い息を吐きながら娘に語りかけていた。ダウンジャケットを着込んだ娘はしばらく立ち止まって父親の話に耳を傾けながら、森の彼方から聞こえるフクロウの鳴き声に声を上げ手を叩いた。

気をつけて見ていると、散歩する人の中には高齢者も混じっている。ゆっくりとした歩調で、若夫婦や孫とともに讃美歌を歌いながら通り過ぎていった。日本では家庭や社会から夢が消えた時から、年に一度のクリスマスでさえケーキを食べてプレゼントをもらうだけの単なる行事となってしまった。

私学に行くとか留学といった特別な策を講じなくても、家庭の中で子供の経験や創造力を育てる機会はたくさんある。にもかかわらず、そこに手がつけられないのはこんな身近な教育の場を見落としているからだ。

第5章 家事を趣味にするイギリス式満足生活

イギリスで再発見した家事の極意

焦躁感《しょうそうかん》が消えてゆく暮らし

つい先頃、イギリスから帰国した私は、忘れられない不思議な体験をした。

お正月を挟んだ年末年始の約一〇日間を外出することもなく自宅で過ごした私は、ただひたすら家事に没頭したのだ。新年の初売り、郊外へのドライブ、レストランでの食事と、いつもならあわただしく散財して過ぎてゆく冬期休暇が、憑きものが落ちたように様変わりした。

考えてみるとその理由はいくつかあった。

それまでの約二週間のイギリス滞在中、私はそのほとんどをノースヨークシャー、ランカシャーなど北部の田舎の村で過ごした。五感に響く刺激といえば、村の民家が連なる絵画のような風景の中をさまよったり、森林の小道をドライブして「Roof crogs」と呼ばれる、謎めいた形の石を探してはその由来に思いを馳せることぐらいだった。

東京での日常は朝起きた時から深夜眠るまで、ほとんどの時間、仕事から離れられずにいた。そんな忙しさへの反動からか、週末は美味しいレストランで食欲を満たし、時には衝動的に買い物もした。自分へのごほうびという便利な言い訳がこんな行動を助長していったのだ。自分へのなぐさめやストレス解消を町に出ては金を使って手短に済ませる。こんな消費行動と比例するほどに、私の中の虚無感も強くなっていく。

いや、これは私だけのことではない。最近では心身ともに慢性疲労を自覚し、精神を病んで専門家の助けを必要としている日本人が三〇代に増えているという。今や私の周辺の若い世代で自律神経失調症やうつ病にかかる人はとても多く、それが転職の引き金になっている。

自分の内面を満たすことができないまま走り続ける人々。今の時代はそれだけ内面のバランスを保つことが難しくなっているのか。

よい住まいが生活の基本

イギリスの村に滞在し、余分な刺激を受けなくなった私は、しだいに自分の興味の範囲がどんどん小さくしかし感覚は深く広くなっていくのに気づいた。

たとえば古い農家を改装したB&Bに泊まっていた私は、日が経つにつれその家のほのかな香りが気になり始めた。

森を吹き抜ける風の香り。野に咲く草花のしっとりとした香り。そんなものがこの農家のいたる場所で感じられた。

バスルームに入ってみると、窓が一つもないのにセンテッドゼラニウムが美しい葉を広げている。透明なガラスのボウルには、乾燥させたオレンジの輪切りと木の実の混ざったポプリが入っていて、スパイシーな柑橘《かんきつ》系の香りを放っている。

「自家製ポプリよ。森に行けば材料になる木の実はいくらでも転がってるわ」

と笑うその家の夫人の言葉に、香りをつくることも家を演出する効果だと知った。

主《あるじ》である四〇代の夫婦は、一日のうちのほとんどの時間を家で過ごしていた。妻がレースのカーテンにアイロンをかけていると、夫はガレージで荷積み用のトラックを修理していた。彼は昼過ぎにキッチンにやって来てひと休みするが、午後は二人で庭に出て壊れた外壁を補修する。

そんな彼らの行き届いた手入れのせいで、農家はいつも良い香りがして、室内はバスルームにいたるまで全て快適に整頓されていた。

こんな住環境になじんでくるとイギリス北部の何もない静けさの中でも、家にいるだけで満たされた思いになった。

「どんな荒涼とした土地に住んでいても、住まいに満足できれば人は幸せなんだ」

主人は、納屋のペンキを塗りつつ、そう教えてくれた。

余計なモノを削《そ》ぎ落とす工夫

東京に戻った私は、彼の言葉に背中を押されるようにわが家を改めて眺め回してみた。するとそこは余計な生活道具が溢れ、本来私がめざしていた暮らしとどこかちぐはぐになっていることに気づいた。

イギリスの古いコテージを参考に三年前に建てたわが家は、それでも、数多くの雑誌で紹介されてはいた。しかし、忙しさにかまけて肝心な手入れを怠《おこた》っていたツケは、イギリスから帰った新鮮な目で見つめ直すとよくわかった。食料庫から仕事机まで、引き出しや棚には物が溢れ、本棚からは雑誌やビデオがはみ出し床に積み上げられていた。今まで見慣れていたこんな光景がいきなりクローズアップされたように感じ、たちまち旅の疲れがぶり返した。

私はお正月を含めた冬休みの一〇日間を使って、この魂の抜けたわが家に秩序を取り戻そうと思った。

やるべきことは山のようにあったが、まず、この一年間、気になっていながら手をつけられずにいた所から整理してみようと思った。

まず仕事部屋の本と雑誌を選別した。まとめてみると、読もうと思ってとっておいたけれど、ついに読まなかった本、雑誌、ビデオがこんなにあったのかと、ため息が出た。「いつかきっと資料になるだろう」と思ってとってあった本や雑誌は、その大半が二度と役に立つこともないと知った。

次に本棚に散乱していたイギリスの観光パンフレットや地図、チラシ、新聞の切り抜きを取り出し、一〇〇円ショップで二〇個まとめて買ってきたクリアファイルに年代別に整理した。これは一晩がかりの徹夜作業となったが、八〇年代後半から今日までのイギリスの変化が整理をするうちにより鮮明に見えてきた。

何よりこれで、本を書くたびに大騒ぎして棚の中をかき回すこともなくなった。

パンフレットを整理してみると、所々からしまい忘れたスナップ写真が出てきた。それらは全て選り分けたが、まとめるとかなりの枚数になった。

仏壇も整理した。義父が亡くなって早や五年。仏壇周辺の棚の中にしまっておいた香典袋や名簿、カタログなども思い切って処分した。遺品の一部だととっておいた、生前義父あてにいただいた手紙やハガキも、この時全て処分した。

中のものが取り出しにくいと思いつつ、使い続けてきたこの棚の扉は全て取り外した。その結果、中を仕切る引き出しがむき出しで見える格好にはなったが、仏壇の周囲には細かいものが増えていくため、必要ないものは全てこの引き出しにすぐしまえるという便利さが増した。

家の中をすっきりさせよう

それにしても使いづらいと思いつつ、なぜそのままにしておいたのだろう。そんな不具合が意外にも収納に多いのはなぜだろうか。場所を変えたり扉を外したりすることで、はるかにものが取り出しやすくなるのに、そこに一歩踏み込めるかどうかは、こちら側の暮らしが惰性で流されていないかどうかで決まるようだ。

寝具や衣類の整理も一日がかりだった。この数年間繰り返し洗濯して使ってきたもので、破れたり汚れてしまったものは全て車のトランクに積み込んだ。これはイギリス人の友人に教えてもらったアイデアだ。夏、海や湖で泳いだ後、捨ててもいいワイシャツやTシャツは、濡れた水着の上からパッと羽織るのにとても重宝する。ドライブ中に突然温泉に立ち寄る場合も、余分な羽織り物があると湯冷めが防げる。

古いシーツは車の座席にカバーとして使ったり、海辺でのピクニックシートにもなる。そういえば、友人の車にはいつも子供服も含めた「捨てる直前」の古着がホリデーの予備服として積んであった。思いたったらすぐ家族ぐるみで海や山に出かけるイギリス人にとって、不用品は全てアウトドアに使い回されるのだ。

数日経ってみると、家の中からはたちまち物が減り、気になっていたいくつかの雑然とした山が消えていった。

その時、私の中でいくつかの変化が始まっていた。

モノと向き合う意外なメリット

喜んでもらえる人に譲る

朝起きて夜眠るまで、毎日毎日集中して家の中の片づけにいそしんでいると、整頓されてゆく部屋とともに私自身の心と頭のつかえもとれていった。

玄関まわりには、段ボールに詰め込まれた本や、クリーニング済みのまだ充分着られるコート、セーターなどの衣類、各メーカーから送られてきた日用雑貨、健康食品、新製品のサンプル品が山積みとなった。これらのものはわが家では一年かけても使い切れず、これから先も使わないはずだ。

とはいえ、いざ捨てる段になると良心が痛み、どうにか有効利用はできないものかと考え始めた。

不用なものでも必要としている人はきっといるはずだ。

最終的には全てをゴミとして処分しようと思ったが、とりあえず半日かけて何人かの思い当たる人に引き取ってもらえないか連絡をとった。

古本は親しくつきあっている神学生に全て譲ることにした。中には出版社から寄贈された新刊本もあり、古書店に持っていけばいい値段がつくだろうとも考えたが、読書好きな彼は神学校の勉強とボランティア活動でいつも忙しく、つつましやかに暮らしていた。それでも知的好奇心が旺盛《おうせい》なので自分では買えない新刊本については、私に読んだ感想をよく聞いてきた。

「その本は面白かったよ」と言えば、「図書館にもなかったしなあ。困ったもんだ」とあきらめてはいたが、本好きの彼にしてみれば読みたい本が読めないというのはさぞ悔しかったはずだ。

私は束ねた本を段ボールに入れて、大晦日《おおみそか》の夜、彼の家を訪ねた。中には表紙の破れた本もあったが、話題作、新刊本もたくさん入っていた。彼はそれを見るなり「ヤッター！　いいんですか？」と手を叩き、「読みたかった本がたくさんある」と、とても喜んでくれた。こちらも嬉しくなり、立ち話だったがお互いの近況報告も久々にできた。

バザーも有効利用

机や棚を整理した際、一枚、二枚と出てきた写真の数々も、最終的にはポケットアルバム一〇冊分になった。これらは全て写っている人のもとにカードを添えて郵送した。義理でもらう年賀状よりはるかに嬉しかったと、方々からお礼の手紙が届いた。私が持っていてもただの写真だが、月日が経ったのち被写体の手に渡ることで過去の思い出が蘇ってくる。

そういえば、イギリスの友人から写真が送られてくる場合、そのほとんどは大判サイズにプリントされている。しかも、写真の裏には必ず送り主のコメントが書き添えられていて、後でながめても詳細が思い返せて楽しい。私も思い出せるものには写真の裏に日時や場所を書いた。お礼の電話や手紙の中には、「昔を思い出す手がかりになった」と書かれてあった。記憶をたどる作業は年齢を問わず難儀するものだ。

箪笥を占領していた衣類は全て実家に送った。私の母が所属するキリスト教会のバザーに寄付するためだ。古着といえども、大半はイギリスのチャリティショップで時間をかけて集めたものだけに、なかなか日本では手に入らないデザインや素材のものも多い。これらはほとんどが二〇代の頃買った服ばかりで、今の私にはサイズが合わず着られない。

話を聞きつけた友人が、バザーに出す前に何点か譲ってほしいとわざわざわが家までやって来た。

アメリカ暮らしの長かった彼女は、古着の山を見てしきりに、庭先でガレージセールをやって売りさばいたほうがお金になると言った。けれど休み中に家の中を整理したいと思っていた私は、利益より時間のほうが貴重だった。何よりイギリスでチャリティショップの合理性を学んだ私にとっては、多少の手間をかけてもこれらのものを必要としている人や団体に届けたかったのだ。

ネパールでの物々交換

片づけをしていて、こんなことを思い出した。一〇年前、ネパールを取材で訪れた時のことだ。カトマンズから四時間ほど車で走ったポカラという湖の町で、私とスタッフは多くのチベットの女性達に取り囲まれてしまった。

撮影のためにポカラに到着した私達は湖に続く道を歩いていると、手作りのアクセサリーを道ばたで売っているチベットの女性達に遭遇《そうぐう》した。のぞき込むと東京のデパートで一万円近くも値のつく自然石入りのシルバーのアクセサリーが、ゴザの上に無造作に並べられていた。デザインも凝っていたので値段を交渉すると、私のかけていたサングラスと交換するならタダでやると言われた。一〇〇円ショップで購入した旅行用のサングラスがトルコ石のネックレスと同等の価値だと言う。

「本当にいいんですか?」と何度も尋ねたが、逆に売り手である彼女が「チェンジ!」を連発するので私は喜んで交換した。

すると後ろで見ていた別の女性が、私が首にまいていたバンダナをひっぱり、シルバーのバングルと換えてくれと言う。再び私が快諾《かいだく》すると、周囲でその様子を見ていたチベットの女性達全員が、私やスタッフの持ち物を指さし、「チェンジ!」とひっぱり始めた。閑静だったポカラの道ばたにはたちまち人垣ができ、それは一気に二〇人以上にふくれ上がった。一緒にいた編集者の女性は自分の靴下やボールペン、ヘアピンなどあらゆるものをさし出し、夢中になってシルバーやビーズのアクセサリーをかき集めていた。

「嘘みたいですね。このシルバーのネックレス、一本三〇〇円はくだらないから日本で友達に売ったら私達ボロもうけですよ」

チベットの女性達は私達にいよいよ交換するものがないと気づくと、マイクロバスに乗っていたカメラマンめがけて走って行った。

しばらく経ってバスにもどってみたら、カメラマンの両手にはシルバーのネックレスが幾重にもぶら下がっていた。まるで暖簾《のれん》のようにゆれるネックレスを呆然とながめながら彼は言った。

「靴下五足でこれだけのシルバーをくれた。今着てるTシャツまではぎ取られそうになったよ。信じられない。こんなことになるとわかってるなら部屋にある古着をまとめて持ってくればよかった」

海外に頻繁に撮影に出る彼にとっても、ポカラでの一連の出来事は衝撃的なカルチャーショックだったと言う。

ものを生かして新しい満足を得る

後に現地で働くボランティアの日本人に事情を尋ねたところ、チベットの女性にとっては衣類や文具、生活雑貨などの工業製品は現金収入が少ないためにめったに手に入れることのできない貴重品ということだった。

あれから月日も経ち、今となってはネパールにもショッピングセンターや高級ブランドを扱うショップが出現し、以前にも増してインド、中国からものが流入している。今、再びポカラを訪れてもあの時のような物々交換は成立しないだろう。しかし、この時の体験はイギリスのチャリティショップ以上に「不用品」を即ゴミと判断することのあやうさを私に教えてくれた。

自分にとっては特に価値のない、あってもなくてもいいものでも、それを必要としている人の手に渡るとものの価値は大きく跳ね上がる。こんなふうに個人の暮らしから生まれる流通こそはその需要と供給が一致した時、思わぬ副産物を引き出すはずだ。

腰をすえて、家の中のものと向き合ってみると、何とか活用できないだろうかと思うたび心の中でいろいろな人達のことが思い出される。この片づけがきっかけで必要に迫られ手紙を書いたり会いに行ったりするうち、一つまた一つとものは消えていく。そうして深い満足や意欲が私の中に芽生えてくるのだ。

その時気づいた。イギリス人の多くは多分、こんな暮らしのリズムを自分の中に持っていて、そのサイクルの中で人生を送っているのではないかということを。

片づけに夢中になっているうち、気がつくと正月になっていた。初売りや福袋のチラシが新聞の中に山のように入っていたが、物欲のかけらも湧かなかった。これだけ整理した家の中に再び買い物におぼれてものを持ち込むのは振り出しに戻ることだ。

毎日毎日家にあるものをどう生かそうか格闘するうちに、すっかり町に並んだ品々を買い込む感覚が消えてしまっていた。私の中には刺激を求めて買い物をするリズムもあったが、それに打ち勝つリズムが新たに生まれたのだ。

それにしても家とは何と面白いことの詰まっている場所なのだろうか。これほどまでに限りなく生活する意欲を生み出してくれる場所は家以外ないのではないか。

食品で家中を磨く楽しさ

家を舞うホコリ

家にかかわり始めると、もっと手を加えたいという欲が止まらなくなった。この際、家の中のことは全てにカタをつけようと考えた。

思い返してみると、私が滞在したイギリス人の家庭には共通点があった。壁に皿を飾ったり、キャビネットやチェストの上にも陶磁器や写真立て、キャンドルを飾っているのにホコリというものを見たことがなかった。

年代物であればあるほど家具は全て磨き込まれているし、食器やグラスも曇り一つない。そんなイギリスの住まいを念頭において見回すとわが家は床から戸棚にいたるまでやたら綿ボコリが目についた。

つけ加えるならこれはわが家だけのことではない。

雑誌の編集をしていると、時々撮影の立ち会いでいろいろな方の家にお邪魔させていただく機会がある。著名な方から一般の方の住まいまで、玄関をくぐり抜ける時間は少しの緊張と大いなる楽しみがある。やはり私は家や暮らしを見るのが好きなのだと自覚する瞬間だ。

ところが、撮影というのはカメラの目を通して行われるため、肉眼では気にならなくてもアングルを決めてポラロイドで室内を撮ってみると気づかなかったものが浮き立って見えてくる。

ゴミ箱やスリッパ、机の上に積み上げられた書類や灰皿、床のコードなど、普通に暮らしている分には視界に馴染んでいる生活道具が気になり始める。気づく範囲で取材相手に断りながらものを移動していくのだが、その時ホコリと格闘することがままある。

「普通のお宅でインテリアの撮影をする時は、大半が片づけと掃除に追われますね。今やどこのお宅もものが多いから仕方ないですよ」

多くのインテリア誌の編集者はグラビアページの裏側で目に見えぬ苦労をしている。

ホコリを吸いとるだけでなく「磨く」

私自身は一九歳でインテリア雑誌の編集部に入って仕事を始めた時から撮影用の工具箱を用意した。その中にはボンドやガムテープの他、細かく切った布やウェットティッシュを常備して、取材先の方にわからないようにホコリをとり続けた。それでもソファやスタンドなど大物の家具を移動すれば、モップを借りなければ太刀打ちできないホコリの大群に手を焼くことになる。いつか成城学園《せいじょうがくえん》駅近くの豪邸を撮影した際は掃除機《そうじき》を借りてスタッフ三人がかりで、一時間余りの大掃除となった。

定期的なハウスクリーニングの需要が一般家庭でも伸びているというが、その理由はよくわかる。雑誌やコマーシャルに登場するような住人によって磨き込まれた家は、今や日本では希有《けう》となってきている現実があるからだ。

「畳が消えてフローリング天国になった日本の家では、掃除機やフロアモップでホコリを吸いとることだけが掃除だと考えられている。とりあえずゴミやホコリをなくせばいいというのはおかしいわ」

長く日本に暮らすイギリス人の主婦と会って掃除の話題になった時、彼女はきっぱりそう言った。

彼女は広尾にある戦前建てられた古い日本家屋に夫と二人で暮らしていたが、いつ訪ねてもソファやテーブル、キャビネットの上には糊のきいたシワ一つないクロスがかけられていた。応接間には古伊万里の皿や博多人形など夫婦が日本各地で集めた品々が並んでいたが、これもホコリ一つない。古い日本の木造住宅をこれほどスッキリ清潔に住みこなしている理由を尋ねると、夫人は得意になって物置にある古着の山を見せてくれた。

そこには使い古された綿メリヤスの下着、ストッキング、シーツなどがカゴに山盛り入っていた。彼女は材質に合わせてこれらの古着をハンカチぐらいの大きさに切り揃えては家具や床まで「磨く」のだそうだ。洗いざらしの綿の下着は銀製品を磨くのにうってつけということで、少しずつカットしては一ヵ月に二度、食器からアクセサリーまで丁寧に磨いているそうだ。私が感心してながめていると、穴のあいたご主人の靴下を手にはめておどけて見せた。

「これは台所のシンク用なのよ。手袋のように手にフィットするから、拭《ふ》きとり作業が楽なの」

重曹《じゅうそう》を使ってピカピカに

夫人にはもう一つの武器があった。キッチンにおいてあったベーキング・ソーダ（重曹）である。私が子供の頃、母親が「ふくらし粉」と呼んでいた、クッキーやケーキを焼く時に入れる粉だ。

彼女はこれを水と混ぜてクリーム状にして流しを磨き、食器の茶渋を落とし、まな板を洗浄するなどして家中をピカピカに磨き上げているそうだ。食品だから人体にも無害、とても安全なのだ。

彼女に教えられたベーキング・ソーダは、わが家の台所でも常備するようにした。すっかり家を手入れすることにはまり込んだ私は、改めてベーキング・ソーダを取り出しその箱をながめてみると、驚くことにBaking Soda for Baking, Cleaning & Deodorizingと大きく書いてあった。私が使っているのはアメリカのTHE ARM &

HAMMER社のベーキング・ソーダだ。これは住まいにも環境にも優しいと欧米の家庭では広く使われている。

私は再び家を磨こうとバスルームや洗面台、流しのシンクに水を張ってベーキング・ソーダを多めに入れた。汚れの気になるコーヒーカップやまな板も全てベーキング・ソーダ入りのボウルにつけて放置した。洗剤も漂白剤も必要ない、安全で脱臭もかねた洗浄法だ。半日経つと汚れは面白いほど落ちている。

また、家中の家具はぬるま湯に牛乳を入れたもので拭いていった。ラベンダーの精油を数滴加えておいたので、家具にツヤが出てくる頃にはアロマのよい香りも漂ってきた。

自分たちで塗料を塗った無垢材の床も磨こうと思った。そもそもこれはわが家を担当したハウスメーカーの営業マンが、塗料を水で薄めたものを雑巾で床にのばしてみせてくれた功績だ。白木の床にうっすらとブラウンの塗料がかかり、月日が経つにつれていい味が出ている。そんな床も牛乳で拭き掃除をしたらいっそうツヤが出た。

磨く楽しさのとりこになる

思い返すと、イギリスの住宅はじゅうたん敷きが多いが、ロンドンに住む友人のフラットはパインで張った木の床だった。デザイナーの彼はなぜか住まいに関しても口うるさく、訪れる客一人一人に向かってドアの横で靴を脱げと言っていた。私は自慢のパインの床を泥だらけにされるのが嫌なのだろうと思っていたが、彼がソッと教えてくれた。

「木の床は布類でこするほどツヤが出てくるんだ。クロスで拭こうが、ワックスをかけようが、靴下で歩き回ろうがほとんど同じ効果が得られるんだよ」

彼がいつも自宅で厚手の綿のソックスをはいていたのは、床のツヤ出しをねらってのことだったのだ。

以前、日本のテレビショッピング番組でスリッパの下にモップのついた奇妙な室内履きが売られているのを見たが、靴下の摩擦《まさつ》でも同じような効果はあるのだ。

私も家を手入れする時は厚手のスポーツソックスをはいて、擦《こす》るように家中を歩いている。牛乳で拭き掃除をした後は、塗装の色にいっそう深みが出て輝きも増す。

磨くことと拭き掃除は違う。作業はほぼ同じでも、磨くという作業はなぜか人をとりこにするものだ。しかも家や家具は一度丁寧に磨いておくと、前出のイギリス婦人が言った通り、ホコリもなかなかつきにくくなる。

磨く楽しさを知ると、もっと何か磨くものはないかと探し始めるからおかしい。

夜はゆっくりCDを聴きながらシルバーのアクセサリーを全てひっぱり出しメリヤス綿に磨き粉をつけて、ネックレスから指輪までを磨いた。真っ黒な汚れが面白いほどとれて、シルバー本来の白銀の美しい輝きが蘇《よみがえ》ってきた。

やってみるとイギリス人がハウスキーピングの中で定期的に銀製品を磨く日を組み込んでいる理由がわかった。黒ずんでいたシルバーが新品同様きれいになる瞬間が面白いからだ。これは始めたらやめられない。

このように家にかかわり続けると、楽しさは無尽蔵《むじんぞう》に湧いてくる。一旦このレールに乗ると、飽きることなく次のことをやってみたくなる。ピカピカに磨き上げられた家の中にはムダなものがなく、必要なものはいつでもサッと取り出せる場所に収まっている。ドアを開けて室内に入ると、そこにはアロマオイルのやわらかな香りが漂っていて、磨きこまれた家具に心が安まる。

家にかかわることは家事とは違う。

家を磨き上げることは、自分の暮らしや思考を整理していくことなのだ。

暮らし上手が痩せる理由

一週間で二キロ減！

家と落ち着いて向き合う日々は、もう一つの意外な効用をもたらした。

洗濯して一回りサイズの縮んだ昔のブラウスやGパンを試着してみると、一ヵ月前までは着られなかった服がすんなり入ったのだ。体重計に乗って驚いたが、たった一週間で二キロ体重が落ちていた。こまめに体を動かしていたせいか。

以前、子育て中のイギリス人の女性が教えてくれた話を思い出した。

「真面目にハウスキーピングをするとダイエットになるの。まして子育て中はエクササイズのようにしょっちゅう動くから確実にサイズダウンできるのよ」

私も二階建てのわが家を上に下に庭先へと一日中走り回っていた。その結果、一週間も経たないうちにウエスト五八センチのパンツが再びはけるようになったことは望外の喜びだった。

丁寧に暮らすということは、計算ずくでは手に入らなかったあらゆる楽しみが広がっていくことなのか。

怠惰な暮らしが贅肉《ぜいにく》をつける

振り返ってみると、自分の暮らしぶりと体型は常にリンクしていたように思う。以前マンション暮らしをしていた時は、生活全般が平面の中で繰り広げられていた。家の中を掃除するのも、部屋から部屋への移動も狭く短い動線の中で済んでしまう。これ以上便利なことはない。

ところが不思議なもので、楽になればなるほど、とめどなく怠惰な暮らしを求めている自分に気づいた。

たとえばしだいに私は、リビングダイニングの食事テーブルにキッチンから食器や料理を運ぶのが面倒になっていた。食事する場所など、さっさと食べられればどこでもいいと思ったのだ。やがて約四・五畳の狭いキッチンにテーブルを移動した。そうなるとますますだらしなく座ったままで、冷蔵庫やガスコンロの上にのった鍋から直接料理を取って食事を済ませるようになった。

これを「楽チン楽チン」と喜んでいたが、そんな暮らしの反動で私の体重はどんどん増えていった。自分では三〇歳を過ぎて皆と同じ中年太りが始まったのだとタカをくくっていたら、まず九号服が着られなくなり、スカートやパンツに至っては、一一号・Lサイズしかはけなくなってしまった。あろうことか日本人に圧倒的に多い下半身肥満が始まったのだ。

思えばあの頃家の中は、今と比べられないほどものが溢れていた。年中何かがなくなり、探し物でイライラしたり、クローゼットは服を詰め込みすぎてパイプが落ちてきたり、押し入れは入りきれないほどの寝具が詰め込まれて、誰かが泊まりに来ると布団や枕が転がり落ち、大騒動になった。

そうなってくると余計、自分の住む家がうっとうしく感じられ、問題の箇所には見て見ぬ振りをして暮らし続けることになる。

家にいるのが嫌で外に出る。刺激を求めて町をさまよう。これでは二〇代の独立したての頃と変わらない。いつしか私の暮らしは後退していたのだ。

引っ越した時には住まいに対する夢や情熱があったのに、それがしぼんでいく背景にはおびただしいものと惰性の心があった。

暮らし方が生む女性の若さと美しさ

一〇年ほど昔、「カウチポテト」という言葉が流行《はや》った。あのカウチにねそべってポテトチップスを食べながらダラダラとテレビやビデオを観る行為は、手当たり次第ものを買い集める感覚に根本が酷似している。流されて生きていることに焦りや後悔を感じつつ、どこか投げやりになってものにまみれていくのだ。

そうなると、家の中で自発的に動くことの全てが面倒になってしまう。そこに意味が見出せない。

考えてみると、イギリスで出会った中高年になっても身ぎれいでほっそりした美しさを保っている女性は、住まいも手をかけ磨き上げている。逆に言えば、歳をとっても美しい容姿の女性で粗雑に暮らしている人は極めて少ない。

先頃、日本でも西友との提携で話題になったアメリカ人のライフ・コーディネーター、マーサ・スチュワートは、一九八二年に『エンターテイニング（おもてなし）』というタイトルの本を出版し、これが全米でベストセラーになった。お金をかけず暮らしを楽しむ「創造的な家事」を提案し続ける彼女は、今やアメリカの主婦にとっての教祖的存在となった。

またマーサ自身の暮らしのアイデアを紹介した月刊誌『マーサ・スチュワート・リビング』の発行部数は二四〇万部にも達した。マーサ自身が暮らしの極意を紹介するテレビ番組も人気が高く、これも現在、日本で放映されている。

六〇代とは思えないマーサ・スチュアートの清々《すがすが》しい笑顔や適度にシェイプされた容姿を見ていると、女性の美しさはやはり暮らしが生み出すものではないかと思える。

この現象をあるイギリス人はこう評した。

「家族から愛され自己実現を果たす仕事を持ちながらも、手をかけ豊かに成熟する住まいに暮らす幸福を、日本やアメリカのような消費大国の人々は恋しくなったんだろう。でも、イギリスで当然のこととして受け継がれてきた質素で個性的なライフスタイルが、ことさら注目されブームになる社会はどこかおかしい」

家事こそが究極のダイエット

ところで日本では、ダイエット関連商品が右肩上がりで幅広い年齢層に売れている。最近では血糖値を下げる食事メニューを紹介した低インシュリンダイエットの本もベストセラーになっている。人々はエステサロンやお茶、食事、健康食品を選び抜いてそこに金をかけスリムな体型をとり戻そうと躍起《やっき》になる一方、日本のメディアは話題のレストランを続々と紹介し、もっと食べろ、グルメに走れと旗を振る。

私達はこんな相反するブームに挟み撃ちにされながら、いずれにせよ消費を余儀なくされている現状から抜け出せずにいるのだ。

だが過分な食事やストレスのもとになる家の中に溢れる品々は、家と真摯《しんし》に向き合うことで必ず淘汰《とうた》されるはずだ。そこからきっと美しい体型も手に入る。家事と呼ばれる掃除、洗濯、料理をこまめにやることで心と体の贅肉はそぎ落とされ、暮らしに深く満足することで食べ物では満たされなかった空虚感が埋められるからだ。

「エアロビクスや水泳といったエクササイズで痩せるのなら、家中の床を拭き掃除したほうがいいじゃない」

私にこう教えてくれた日本に留学した経験のあるイギリス人の大学生がいた。彼女は、日本滞在中にホームステイしていた受け入れ先の六〇代の主婦に毎日トイレの掃除をするようにアドバイスされたという。

「戦前の日本女性は元気な赤ちゃんを産むために、いつもトイレをきれいにするよう母親から教わったものよ。しゃがみ込んでせっせと手を動かすことによって、足腰が強くなるの。あなたも結婚前の女性だから試してごらん」

彼女はこれこそジャパニーズ・スピリットだと、イギリスに帰国してからも一日一回トイレの掃除を続けているのだという。

家事とは暮らしから身体まで全ての贅肉を落とす一石二鳥のダイエットだ。

家に手をかけながら身をもって知ったこの論理こそは、どんな家事評論家も決して教えてはくれなかった真実だ。

第6章

学ぶ、つくるは永遠のエンターテイメント

日記や手紙は自伝のもと

人に必要とされることの充足感

ケンブリッジの外れに住む友人を訪ねた時のことだ。セラピストである彼は、毎朝決まって祖母を訪ねることを日課にしており、一旦近所の祖母の家に面会に行くと三〇分、長い時で一時間近くももどってこない。

毎日顔を合わせていてそんなに話すことがあるのだろうか、と私は二人の関係にとても興味を持った。何を話しているのか思い切って友人に尋ねたところ、彼は一冊のノートを私に見せてくれた。

そこには、彼の祖母がたどったこれまでの人生の遍歴が書いてあった。友人は年老いた祖母のために口述筆記で彼女の自伝を書いていたのだ。

「僕がロンドンで働いていた頃から祖母の具合は思わしくなかった。ここにもどってくるたびに心身ともに衰弱してゆく祖母を見るのが辛く、彼女の人生を書きとどめたいと思ったんだ」

彼は自伝を書くことによってそんな祖母の話し相手にもなれた。何より二人とも共通のテーマがあったからこそ互いに興味を持って向き合えたのだ。

これと同じような話は私の身近でも聞いたことがある。高齢者を家族に抱えながら、和菓子店を営む地方の大家族に嫁いだ友人のことだ。

一歳の子供を持ち妊娠中の身でもあった彼女は、慣れない生活環境に加え、一日中子供と向き合う日々の中でストレスと疲労だけが募っていったという。こんな結婚生活をめざして自分は生きてきたんだろうか、と自分のあり方にも疑問を持ち始めていた。

そんな時、子供に描いてやった一枚の絵を九〇歳になる夫の祖父が見て、「うまい。たいしたもんだ」とほめた。

友人は学生時代にずっと漫画を描いていた。彼女のもとには何度か出版社からプロにならないかと誘いもきたほど絵はうまく、その腕はなかなかのものだった。

それ以来、祖父は彼女の描く絵にとても興味を示し、ある日、自分の若かりし頃の姿を漫画で描いてもらえないかとつぶやいた。彼女が描いた白いハッピを着て団子をこねる「二〇代だった頃のおじいちゃんの姿」に彼はいたく感動したからだ。

彼女はそれ以来、祖父を題材にしたストーリー漫画を描き始めた。子供の昼寝中、一階の祖父の部屋に行き話を聞いては、毎晩少しずつ描き続ける。たまに彼女に用事ができ祖父の部屋に行けない日、祖父は淋しいと涙を流すこともあるという。

彼女は自分一人の楽しみだった漫画を描くことが、こんな局面で生きるとは思わなかったと言った。慣れない大家族の中で孤独すら感じていたのに、漫画を描くことをコミュニケーションの手段にして接点を見出した。

今や彼女は人に必要とされることから生まれる充足感こそ、かけがえのないものだと感じている。

最近、中高年の自費出版の需要が拡大する中で、題材の多くは自伝だと聞いた。こんなブームを証明するかのように、家族でつくる新聞から投書まで何かを書きたいと切望する人は後をたたない。

日記をひもとき人生を考える

実際ものを書くことは、一人で完結できる楽しみだ。

子供の頃から読書と日記を奨励してきた私の母は、毎年クリスマスプレゼントに大学ノートの表紙を和紙でくるんだ手づくりの日記帳を私達に贈ってくれた。友人とのつきあいや遊びが忙しい時には、何も書かずに日記帳を放置していたが、恋をしたり人間関係でストレスを感じるとそれに長々と綴っては気を紛《まぎ》らわした。

その頃の私にとって日記というのは、書かずにはいられない心境に自分が追い込まれた時の、自分の感情や考えをぶちまける聖域だった。

どんなに腹を立てながら書いた内容でも、時が経ってさらなる困難にぶつかった時、再び読み返してみると、「こんなことに怒っていたのか」と拍子抜けすることもあり、「それならば今、目の前にある問題も一週間くらいで解決するだろう」と冷静になれる。

三年前からは現在、過去、未来の自分の姿についてもっと客観的な記録が欲しいと十年日記に切り換えた。日記帳を開くたびに一年前の今日の欄《らん》を読むのが楽しみになった。たいして変わりばえのしない毎日の中で、予期せぬトラブル、思わぬ成功は少しずつ日を重ねて自分に近づいてくる伏線があったことは日記を追っていけばよくわかる。

今や私にとって日記は、感情の発露というより人生を映す鏡のようなものだ。人間嬉しい時、うまくいっている時にはなかなかわが身を振り返ることはないが、何をやっても八方塞がり状態、うまくいかない時には、負の連鎖を断ち切る糸口を求めるはずだ。

私の場合、十年日記に切り換えてからは日記に向かうわずかな時間が考える時間になっている。

自分と向き合う豊かな時間

編集部でアルバイトとして働く一八歳になる女の子は、いつもリュックの中に日記帳を入れて、時間ができるとその時の気持ちを書いている。彼女は昼休みになるとコンビニで弁当を買って編集部の近くにある新宿御苑《ぎょえん》に出かけていく。

一人になって気持ちのよい風の吹く公園で日記を書くのだと言うが、それ以上に過去のページをめくって一人でゆっくり読み返す時間が楽しいそうだ。

彼女は携帯電話も持っているし、友人とのつきあいにメールも活用している。けれどそのほとんどは連絡事項。読めばその場で消してしまう内容だと言っていた。書くこととメールを入れる作業は違う。

書くということはいつでも、どこでも自分一人で始められる楽しみだ。それは書いたものを再び読み返すおまけもついている。

以前、本の取材でお会いした六〇代の画家は、一〇年後の自分に手紙を書いていると話していた。

「二〇歳の時に三〇歳の自分にあてて手紙を書いた。そして三〇歳になって一人でそれを開けて読んだ。そこで自分が思い描いていた生き方をしているかどうか確認するために」

彼はその手紙を誰にも見せない。こっそり読んだら、後は燃やすだけの手紙なのだ。

六〇歳の彼は、七〇歳になった時の自分に向けてすでに手紙を書いているという。密封されたその手紙にはこれまでと変わらず彼の夢や希望が綴られているはずだ。

私だけの博物館

イギリス中部の町チェスターのB&Bに泊まった時のことだ。

丘の上にあるミドルクラスの人々が暮らす住宅街の一角に建つジョージアンの家は、夫婦が二人だけで暮らしていた。

コンピュータ会社の役員である夫とプログラマーである妻。大学生となった二人の子供たちはそれぞれ家を出て大学の寮に入ったため、「ハネムーンのやり直しをしてるよ」と夫婦は仲むつまじく暮らしていた。

偶然私の滞在中、二〇歳になる娘が夏休みでこの家にもどってきた。同世代の娘がいる私は、彼らが娘とともに何度も屋根裏部屋に上がっていくので何をしているのか興味を持った。

その夜、廊下で娘とすれ違った時、「楽しそうですね」と言葉をかけた。すると彼女は、「屋根裏はまるで私の博物館《ミュージアム》なのよ」と興奮して話し、私にもその部屋を見せてくれると言った。

娘に案内されて狭い階段をのぼり屋根裏部屋に上がってみると、そこは彼女が子供の頃から描き続けた大きな油絵がいくつも壁にたてかけてあった。棚には彼女が書いた日記や学生時代のテキスト、愛読書がきれいに並べられており、中には幼稚園の頃、彼女が母親と二人で樫の枝でつくった人形も飾ってあった。

休暇中、夜になると彼女は一人こっそりと屋根裏部屋に上がっては、これまでの人生の逸品にふれていた。

こんな両親の発想は子供の書いたもの、つくったものがかけがえのない人生の日々を代弁している、と認めているところから生まれている。

ある作家と話した折、妻にあてた膨大な手紙が後に編纂《へんさん》されてベストセラー本になったと聞かされ、とても感動したことを思い出した。

氏は家族から離れ外国の地で研究に取り組んでいた時に、見たり聞いたり、体験したことを真っ先に妻に向けて書かずにはおられなかったという。三日にあげず妻に書いた長い手紙。

「誰でもよかったわけではない。ましてこんな手紙を、親に書く者などいないだろう。自分がその時に経験した面白いことを離れている妻や子供に教えてやりたい一心だった」

それらの手紙は氏の人生を変えた。

今や生活を楽にする電化製品の発達は、すべての人々により多くの時間を提供している。日本もイギリスも物質的には親の代より今のほうがはるかに暮らしも改良されている。余暇の時間もますます長くなり、生き方が個に向かう時、有給休暇や盆正月の休暇も含め、私達が本当に満足できる楽しみが何なのかが問われている。

日記や手紙は単なる記録やあいさつを記したものではない。そこに人生の軌跡が綴られた時、私達が予想もしなかった感動が溢れ、お仕着《しき》せでない楽しみが生まれてくるはずだ。

オックスフォード式個人授業《チュートリアル》の面白さ

「学び」は生涯のテーマ

大手百貨店の責任者の方と話をした時のことだ。不況の中でも、これからの時代は学ぶことに対する需要がもっと出てくると言われた。これからは百貨店でも〝U3A〟を視野に入れて企画を考えないといけない、との話はとても興味深かった。

氏によると、U3AとはUnivercity of 3rd ageの略で、再び何かを学びたいと考える人生の第三段階にさしかかった人々のための大学づくりが先進国では注目を集めているというのだ。

私達が老後の生き方に直面する時、そこにこれまでとは違う暮らし方が欲しくなる。今、「学ぶ」ということは生涯を貫く新たなテーマとして脚光をあびているのだ。

「第三段階とはすなわち定年をひかえた、子育ても資産づくりもある程度終了した中高年が再び自分の人生を見つめ返す時期なんです」

と説明され、あることが浮かんだ。

最近、地方自治体を通じて講演会や勉強会の講師として招かれるたびに、参加者の顔ぶれがバブル期とは大きく変わってきていると感じることがある。

バブル期に一番知的向上をめざしていたのは、二〇〜三〇代の若いビジネスマンだった。会場に入るなり、テープレコーダーやメモ帳が机の上に並んでいるのを見て、こちら側も一言一句間違えてはならないと妙に緊張した。彼らはうまみのある情報や人脈を血走った目で追っていた。そんな彼らと向き合って話す時、「名刺」「コンピュータ」「横文字」が切り札のように必ず飛び出し、その割に企画の中身に深さや本物の需要が伴っていないと感じた。

ところが今では、勉強会といえば必ず中高年層の参加者が中心を占めている。参加者の中には七〇代と思われる高齢者の姿も多く、質疑応答で一番発言するのもこの世代だ。この方々には自分が得た情報を何かにつなげようとするビジネス的発想はなく、純粋に「知りたい」「勉強したい」という意欲に満ちているのだ。

ノートこそとらないが私が話した内容について驚くほど記憶されている点。実生活で常日頃疑問に思っていることを明確に発言する点。この二つは知的向上心溢れる中高年の方々の特徴だ。

「教えてもらう」から「学ぶ」へ

ある勉強会では、話が終わって私が一瞬会場の外に出たのだが、もどってみると六〇代の参加者が会場の人々に向かって自分の体験談を語り始めていた。この時のテーマは「後悔しない家づくり」だったと思うが、その男性は持参した北欧を旅した時の地図や写真まで皆に見せていた。

主催者は講師の私に気を遣って、区切りのいいところで話を打ち切るよう水を向けていたが、彼の体験談は面白く、何よりここまでの下準備をして勉強会に参加したことに感動した。

下手をすれば「出しゃばり」とも批判されるこの男性の積極性こそは、私たちが学びを暮らしの楽しみにすえる時、忘れてはならない大切な態度だと思う。

成人教育の本場イギリスでは英国国教会等の教育機関、夜間成人学校を含めると一〇〇〇校を超える成人教育機関があるといわれている。大学への進学率は依然日本よりもはるかに低いものの、全国民に向けて学びの場は広く開かれている。

日本の企業でサラリーマンに英語を教えるイギリス人と会った時、彼はため息をついてこう言った。

「どうしてだろう。彼らは一向に上達しない。三〇万円近い授業料を払って英語をやろうというのに、どこかその場限りなんだ」

彼が言うにはイギリスでは勉強することは「教えてもらうこと」（being taught）ではなく「学ぶこと」（learning）なのだという。スクール情報誌を成り立たせるほど「勉強好き」なはずの日本人についても、彼は「授業料を払ってしかるべき学校や先生を選び、一定期間何かを教えてもらって資格や技能を身につけるだけだ」と言った後、私に念を押した。

「何かを学ぶことは学校選びではない」

彼は自らが英語教師として働きながらも、日本の高額なスクールの数々には以前から疑問を持っていたそうだ。多くの生徒は支払った額だけモトをとろうとするが、そのモトとは、「資格」や「卒業証明書」という形だ。だからせっかく興味を持ったテーマに対しても歯がたたないと放り出してしまう。学び始めても中途挫折が続出することになる。

何かを学ぶことは「英語が話せるようなりたい」から「調理師の資格をとりたい」まで必ず目的がある。だが、目的は達成してしまえばそこで完結するし、中途挫折すればただ授業料を浪費した意味のないことになる。

私たちはあまりにもこんなムダを重ねてはいないだろうか。

もし「何を学ぶか」を「誰に学ぶか」に切り換えたなら、学ぶ世界はたちまち広がるはずだ。

人生に学ぶことは無限にある

イギリス北部にブラッドフォードという町がある。ここはインド人、パキスタン人などの移民が多く暮らす町で、白人と有色人種のトラブルがたえない地域でもある。

私はこの町に暮らすパキスタン人の若者と偶然知り合った。

遠い親戚を頼ってイギリスにやって来た彼は、ブラッドフォードの食堂でアルバイトをしていた。私が彼に興味を持ったのは彼の英語がとてもきれいだったからだ。まるでイギリスのアッパークラスの人々が話すようなアクセント。下を向いて彼の話を聞いていると、BBCのアナウンサーの声かと聞き間違うほどだ。おまけに彼はとても料理がうまい。

その食堂に行くと時々彼は、親しくなった私のためにサラダなどのサイドディッシュをサービスでつくってくれる。それらはキュージーヌと呼びたくなるほどの出来で、生野菜やハーブを細かくきざみ、レモンや豆類と一緒に美しく盛りつけてくれる。

いつ会っても同じTシャツとGパンという貧相な身なりの彼が持つこんな才能に私はとても興味を持った。

「家が貧しかったから学校もろくに行ってない」

そう言う彼の語学力や料理は、いったい誰に習ったのか尋ねたところ若者は「父親だ」と答えた。

イギリスで育った彼の父親はパキスタンで結婚し、貧しいながらも、息子には教育を授けようとした。「どんな時でも家での会話は英語だけ。ウルドゥー語を話すと殴られることもあった。料理にしても、父はいつも僕に英国生活で覚えた料理を教えてくれた」

英語と料理という武器を持つ彼は、異国イギリスにやって来ても不安に陥ることもなく何とかやっていこうと奮起《ふんき》できたという。

「僕の学校は父だ」

今、父親の教えは彼の誇りとなり、その人生を支えている。こんな話を聞くにつけ、学びを人生単位でとらえた時、学力や資格とは何と薄っぺらいのだろうと思う。

学校教育より生身《なまみ》の教育

ある出版社の社長と話をしていたら、氏から自分は中学しか出ていないと聞かされ、とても驚いた。六〇代のその社長が手がけたいくつかの児童書はいずれもロングセラーになっていて、世間的にも文化的にも評価の高い経営者だった。そんな実績が彼は高学歴というイメージを私の中でいつの間にかつくり上げてしまったのか。

氏はこう話された。

「僕は戦争孤児だったから親戚の家で育てられた。近所の魚屋を手伝いながら中学に行っていた僕は、そこで働いていた若者にいろんなことを教えてもらったんだ。それが僕の知識のもとになってる」

氏は毎日のように早起きして、青年に連れられて築地《つきじ》の中央卸売市場《おろしうりしじょう》へ出かけた。魚臭い二人は電車の中でも人々から奇異な目で見られたが、青年の語る本の話は氏をとりこにしていった。

中卒であっても、氏は五味川純平《ごみかわじゅんぺい》の『人間の条件』からヒッチコックの世界まで数多くの本や映画に親しんだ。これは全て魚屋の青年が氏に語り伝えることによって授けた個人教育のたまものだ。

今や出版社の社長となった氏は、学校で学んだ教科書の内容は全て忘れてしまったが、この青年の語った言葉だけは今でも一言たりとも忘れていないという。

イギリスのチュートリアル制度

こんな個人指導——チュートリアル制度は、実はイギリスのオックスフォード大学とケンブリッジ大学で柱となっている教育システムでもある。

オックスフォード大学を卒業したあるイギリス人は、在学中エッセイとチュートリアルで死ぬ思いをしたと語っていた。

「週一でエッセイを書き上げ、それを教授の前で読み、それについて教授が質問したり批判したりしながらディスカッションを繰り返すんだ」

「成すこと」より「知ること」、ひいては「考えぬくこと」がこのチュートリアル制度の基本にあると彼は言った。エッセイを書き上げるため勉強は一日最低でも八時間。アルバイトなど不可能な大学生活の中で、彼らは徹底的な「考え方の訓練」を受ける。

彼は大学時代を振り返って感慨深くこう言った。

「結局、勉強ってものの見方を学ぶことなんだよね」

彼はそのための指導者が教授達だったのだと言った。

私自身のこれまでを振り返った時、人生の節目には必ず個人指導《チュートリアル》をしてくれたチューターがいた。

高校生の頃、画家になりたいと思っていた私は、現役の画家を高校の先生に紹介され個展に行ったことがきっかけでこの画家と文通を始めた。

長崎の高校生だった私は当時、知りたいことが山のようにあった。プロの画家がどんな考えで絵を描くのか、シュールレアリズムとは何か、ピカソの発想は何なのかなど、誰も教えてくれない真実の解明に興味津々だった。上京した際、氏には日展などの大きな展覧会に連れて行ってもらったし、時にはボーイフレンドの相談や進路の悩みまで手紙に書き送った。

氏はその一つ一つに誠実に返事を書いてくださり、私の文章に誤字脱字が多いと、「文章は人を表すものだ」など耳に痛くても大切なことを率直に指摘してくれた。

氏と文通した約二年間は、私が最も多感な時期だったと思う。私が既存の学生生活に見出せなかった活路を文通によって氏は示してくれた。

かけがえのない「学び」の時間

雑誌の編集長となってからは、ずっと指導を受けている人がいく人かいる。

政治、経済に弱い私は新聞を読んだり、ニュースを見るたび気になることをメモしておいて、彼らに会うごとに教えを乞うている。

その内容は「ペイオフ制度って何」から、「日本とイギリスの政治の違いについて」まで、思いたったら手当たり次第何でも教えてもらう。時には新聞の切り抜きや読み上げた本について感じたことなどの話を毎週一度のペースで一〇年以上にわたって聞き続けてきた。また出版活動においても、「再販制度」の意味一つとっても充分な知識のない私は膨大《ぼうだい》な知識と考え方を出版界の先輩達に授けてもらった。

このように牧師から経営者、編集者に至るまで幅広い現役のプロに定期的に会ったり、電話やFAXやメールで意見を伺い、「決算」から「神」について、そして本を書くことについてまでもその経験や知識を仰ぎつつ語り合う時間は、今の私にとって何より貴重だ。私は常に彼らの話を一〇聞いたら、五つの質問を返し、一つの意見を言おうと心がけている。

私にとって彼らからの学びは、豊かに幅広く人生を歩いていくうえでの不可欠な要素だ。

そんな経験を通して考えてみると、私の求める人生の極意は学校や本の中にあるのではなく、出会った人々の内面に隠されているのだとわかった。

私は今、週に一度時間をつくっては成人前の娘と、時には深夜に至るまで彼女の悩みを聞いたり、質問に答えたりしている。娘はボーイフレンドや仕事先の人間関係につまずくとすぐに意見を求めてくる。

一八歳になってすでに家を出て働き始めた娘に、これから私ができることは彼女とともに考え、人生の様々な局面での判断の仕方を教えることだと思っている。高校を中退した彼女にはコンプレックスがないわけではない。けれど学歴よりも知識よりも大切なことを、私は娘に伝えていきたいと思っている。

学び続けることが人生の贈り物

前出のオックスフォード大学を卒業したイギリス人から聞いた印象深い話を思い出した。

その昔、オックスフォードの教授は生徒にこんなことを話したそうだ。

「大学で勉強することは社会に出てもほとんど役に立たないだろう。でも、ここの大学を出たら少なくとも世の中のデタラメと真実ぐらい見分けられるはずだ。それでいい。それが本来の教育の目的なのだから」

混迷する日本社会をバランスをとりながら生きていこうと思った時、「勉強のためのスクール」や「余暇としての教養」にこだわる意味は薄れている。

自分の周囲を見渡しても仕事仲間、家族、両親、友人、知人、そして出版界の先輩と、何と豊かな学びの窓口が開かれているのかと思う。

「知識」「経験」「ものの見方」は彼らの中に膨大に蓄積されている。

それをひもとくことこそ、尽きることのない人生の贈り物なのだ。

エピローグ――自分で探す幸せの指針

イギリス人のジャーナリストと話していた時のことだ。彼は文明が発達すると、家族が揃って食事をする機会が減ると言った。

「文明が発達してない社会では、家族はできたての料理を待ちかまえて温かいうちに皆でいっせいに食べる。あとで温め直すのは手間がかかるうえ、自分の分を横取りされるのではという危機感もある。ところが文明が発達すると、食べたい時にいつでも冷蔵庫から料理を取り出して電子レンジで温めればそれで済む。何より人々は多忙になるから外食も増える。その結果、家族はバラバラに食事をするんだ」

彼の話は、私が子供だった頃の昭和の食卓を彷彿《ほうふつ》とさせた。焼き魚に味噌汁はわが家の夕食の定番だったが、遊びほうけて夕飯に遅れると、料理は冷たく堅くなっていた。親に怒られながら冷えた焼き魚を食べる惨《みじ》めさは今でも忘れられない。そんなことが何度かあって、夕飯時の六時に家に帰ることは、私にとって踏み外せない生活習慣になった。

物質的に社会が豊かになっていく幸せは、大きなしわ寄せもセットになっていると人に聞き、「幸せとしわ寄せ」の因果関係は暮らしの中で確かにあるのではないかと思い始めた。

かつてイギリスの新聞でこんな記事を読んだ。

「国民平均所得が一万ドルを超す国では、デモや暴動が起きなくなる」――というのだ。

一万ドルといえば、二〇〇二年春のレートでも約一二〇万円。東京に暮らす感覚では、これでは到底生活できないと思うが、近代史の中で数々の史実が一万ドルを豊かさのボーダーラインと伝えている。

人は豊かになるほど問題意識や飢餓《きが》感を失い、飼い馴《な》らされた犬や猫のように周辺の環境に大人しく染まっていくものだと、記事は締めくくっていた。

デモや暴動の起きない平和な国の住人は、無意識のうちに多くの生活習慣や価値観を切り捨てながら、社会の流れに沿って生きている。

昭和三〇年代生まれである私は、どこか戦後の面影の残る日本で生まれ、バラックの貸家やつぎはぎのお古を着て育った。今でも同級生の幼い頃のアルバムを見せてもらうと、そのほとんどの服装は貧相で、肘や膝《ひざ》に穴があいている。

ふすまや障子も新聞で穴が塞がれていて、狭く薄暗い部屋に家族が寄り添って暮らしている。

けれどあの頃、自分の服や住まいを見つめて「惨めだ」「不幸だ」と思ったことはなかった。

おやつ代をもらえない日は近所の子供達と一緒になってリヤカーでアイスクリームを売り歩く老人の後を、日が暮れるまでついて回った。子供心にどこまでもついて行けば、情けでアイスクリームをくれるだろうと、隣の町までゾロゾロと歩き続けた。「帰れ」と言われても後をついてくる子供達に弱り果てた老人は、しぶしぶ一個だけアイスクリームをくれた。それを取り合うように食べているうちに、老人はどこかに消えてしまった。

今、アイスクリーム一個のために、子供達は粘ったりはしない。遊ぶために町中を走り回り、仲間を集めたりすることもない。

先日、あるラジオ番組に出演し、質素でも楽しいイギリスの暮らしの様子を一時間話したところ、ものすごい反響の電話が全国から放送局にかかってきた。その多くは六〇代以上の中高年の方々によるものだった。

「井形さんが話すイギリスの様子は、戦前の日本そっくりだ。イギリスの話を聞いているうちに、あの頃が懐かしくなった。戦前の日本はものがなく質素だったが、私達は毎日楽しく幸せだった」

聴取者の多くは、かつての日本を語らずにはいられなかったのだ。

最後に東京に三年間暮らしたイギリス人の話をつけ加えたい。私と同世代の彼は平均的なイギリス人同様、金を使うことに対して慎重だったが、金の亡者ではなかった。

皆で一緒に伊豆を旅行しようと言った時も、いち早く公共の安いバンガローやキャンプ場を見つけてきては、冒険ごっこのような旅を教えてくれた。また、群馬に行ってきたと言っては、農家で分けてもらった大袋に入った玉ねぎを家に届けてくれたこともあった。二人で山ほどの玉ねぎをさばき、極上のオニオンスープをつくって味わった。

彼は惜しみない行動力が暮らしをどれだけ豊かにするか、身をもって教えてくれた貴重な友人の一人だ。

圧巻だったのは彼が南米に移住するという時だ。仕事だってあるかどうかわからないのに、裸一貫《はだかいっかん》では無謀《むぼう》じゃないかとたしなめる私に平然と、「僕には日本で貯めた貯金がある」と言った。その額が四〇〇万円と聞き私は心底驚いた。三年間毎月の月給が二五万円だった彼が、どうやってそれほどの貯金をつくったのか。

彼はサラリと言った。

「簡単だよ。一ヵ月一〇万円で暮らしていたんだ。それで充分日本を満喫《まんきつ》できた。次の夢の足がかりもできた」

しばらくして彼から手紙が届いた。四〇〇万円の貯金で南米のベリーズに広大な農場を買ったと綴られたその手紙には、中古のトラクターに乗って手を振る真っ黒に日焼けした彼が写っていた。

人生はゲームのようなものだと前出のイギリス人ジャーナリストは語った。

「人間、たくさんの金を持てば、失うまいと警戒心も出てきて、ますます幸せが遠のく。世界中の多くの金持ちが決まって孤独の中で死んでいくのは、結局、ゲームに負けたのだと思う」

どんなに貧しくても楽しい時をたくさん過ごした人が人生の勝者だ、と彼は断言した。

たとえばロックバンドがあるとする。

無名のうちは上をめざし、皆でバイトをしながら励まし合って何とか成功しようとスクラムを組む。ところが一旦成功して、富と名声を手に入れたとたん、「俺の才能だ」「俺の努力のたまものだ」と皆がエゴをむき出しにして、バンドは上をめざすどころかバラバラになって解散してしまう。

もしこの時、メンバーの一人一人が成功や富ではなく、最終的にどんな音楽をつくり上げたいのかというビジョンを持っていれば、何があっても外的な変化に翻弄《ほんろう》されることはないのではないか。

イギリスを四〇回以上訪れる中で、見聞きした忘れられない出来事はたくさんあるが、それが雑誌編集長として、また著者として忙殺《ぼうさつ》される私の人生の指針になっている。

「人間、本当に好きにならなければ甘いも辛いも見えてこない」

と、ある人が語った言葉は、私とイギリスの関係を言い当てている。

外務省のイギリス白書や学生をたくさん使ってデータを集め分析《ぶんせき》する社会学者のレポートではわからない生身のイギリスを通して、私は自らの暮らしのスタイルを築いてきた。

本書はそんな私の暮らしの数々を、日常生活周辺にスポットを当てて書き下ろした。

この原稿を書いている最中も、日本は政界の「ババ抜き」に巻き込まれ混乱していた。疑惑という「ババ」の押しつけ合いは、大物政治家から若手議員まで広がり、日本にはまともな政治家が一人もいないのではないかという疑問を露呈《ろてい》した。揚げ句の果て浮上した重大な国政レベルの問題には、その本質にメスが入らないまま再びごまかされようとしている。

私達一人一人が自分なりの幸せのつくり方、暮らしの哲学を持っていれば、繰り返される政界の騒動の中にひそむ思惑が見えたはずだ。いとも簡単に目くらましに遭うのは、日本という国を構成している私達が、いともたやすく崩れ去る砂の城の住人となってしまったからではないか。

毎日、不平不満を言いながら生きていくのは、天に向かってツバを吐くようなものだという或る人の言葉を常々思い返しているこの頃だ。

今の暮らしの中にも、見方を変えれば夢をつくり出すことはいくらでもできる。そんな考えに基づいて自分の過去をひもときながら、これからも書くことを通して私なりの幸せの形を見出していきたいと思っている。

本書を書くにあたっては、講談社生活文化第四出版部の津田千鶴さんに大変お世話になった。慌ただしく過ぎていく毎日の中で本書を書くことによって、再び暮らしの細部を見直すきっかけを与えていただいた。

ここに深くお礼申し上げます。

チュルトナム・モートハウスホテルにて　　著者

【著者略歴】

一九五九年、長崎県に生まれる。大学在学中から、出版社で、インテリア雑誌の編集にたずさわる。その後、世界六〇カ国に流通する外国人向け情報誌「HIRAGANA TIMES」を創刊し話題をまく。二八歳で独立、出版社を起こし、個性的な暮らしをテーマにした情報誌「ミスター・パートナー」などを発刊する。出版社経営のかたわら、長年、興味をもつイギリスについてのエッセイを執筆。イギリスの暮らし、生き方への視点に大きな共感を呼び、ベストセラーとなる。主な著書に『古くて豊かなイギリスの家　便利で貧しい日本の家』『お金とモノから解放されるイギリスの知恵』（以上、大和書房）、『イギリスの家を1000万円台で建てた！』（新潮OH！文庫）などがある。

イギリス式《しき》お金《かね》をかけず楽《たの》しく生《い》きる！

二〇〇二年七月二七日　第一刷発行
二〇〇二年八月二八日　第三刷発行

著者——井《い》形《がた》慶子《けいこ》
装画・本文イラスト——内田新哉
装幀——鈴木成一デザイン室

発行者——野間佐和子　**発行所**——株式会社講談社
東京都文京区音羽二丁目一二—二一　郵便番号一一二—八〇〇一
電話　編集〇三—五三九五—三五三二　販売〇三—五三九五—三六二二　業務〇三—五三九五—三六一五
印刷所——豊国印刷株式会社　**製本所**——島田製本株式会社
落丁本・乱丁本は小社書籍業務部あてにお送りください。送料小社負担にてお取り替えします。なお、この本の内容についてのお問い合わせは生活文化第四出版部あてにお願いいたします。
ISBN4-06-211411-9
定価はカバーに表示してあります。